Auf Sylt bin ich ein anderer Mensch

Liebe Leserinnen, liebe Leser,

ich weiß nicht, wie es Ihnen geht, aber wenn ich nach Sylt komme, dann dauert es drei, vier, maximal fünf Stunden und einen Blick aufs Meer, und ich bin ein anderer Mensch. Das geht vielen so, und deshalb kommen von Jahr zu Jahr mehr Gäste. Es ist genau so, wie es Herbert Seckler, Inhaber der legendären Sansibar, beschreibt: „Man kann fast stündlich beobachten, wie sich Menschen, die nach Sylt kommen, verändern. Sie bringen ihren Alltagsstress mit, aber wenn sie einmal am Strand waren, verschwindet der sehr schnell. Das ist schon toll hier, was die Insel mit einem macht, sie ist großartig. Für mich ist jeder Tag, den ich nicht auf Sylt bin, ein verlorener Tag."

Was macht die Insel so besonders? Was macht der Tourismus mit der Insel? Wie ist es hier in Herbst und Winter? Und was gibt es Neues? Das sind nur einige der Fragen, die wir in diesem Magazin beantworten werden, für das unsere Reporter viel Zeit auf Sylt und mit den Menschen dort verbracht haben. Mein persönlicher Recherche-Höhepunkt: An einem Freitag im August habe ich erst den oben erwähnten Herbert Seckler (12.30 Uhr, Weinkeller der Sansibar) und kurz darauf Jürgen Gosch (14.30 Uhr, Fischbude in List) getroffen. Was die beiden bekanntesten Sylter (Gastronomen) über die Zukunft der Insel denken, wie sie geworden sind, was sie heute sind, und warum ein Tag mit 40.000 Euro Umsatz in der Sansibar ein sehr schlechter Tag ist, lesen Sie in diesem Heft. Und vieles, vieles mehr.

Ich wünsche Ihnen viel Spaß mit einem Magazin, das hoffentlich immer wieder wie ein kleiner Sylt-Urlaub für zwischendurch ist. Wir sehen uns auf der Insel.

Lars Haider

Inhalt

Hinweis zur Corona-Pandemie: Alle Tipps und Öffnungszeiten in diesem Magazin wurden nach bestem Wissen und Gewissen recherchiert. Bitte überprüfen Sie eventuelle Abweichungen im Internet.

Titelfoto: imago images/imagebroker, Fotos: imago, Michael Rauhe (2), iStock

Dünen

Vor 500 Jahren wehte der Wind den Sand trocken liegender Bänke auf die Insel.
Mit der Bepflanzung vor 300 Jahren erhielten die Wahrzeichen ihren typischen Charme

Feuer

Gleich fünf Leuchttürme gibt es an der Sylter Küste. List-West ist das nördlichste Leuchtfeuer und das nördlichste Gebäude Deutschlands

Foto: imago stock&people

Wasser

Seit 1867 gibt es die historischen Holzbuhnen am Norseestrand. Sie sollten die Küste vor den Wellen schützen. Die meisten werden bis 2024 entfernt.

Foto: Getty Images/iStockphoto

„Die Wogen, ihr Grollen, die Wolken, der Strand, die Dünen, alles war mein. Ich sah die erregte und wilde Schönheit, malend in naturgetreuer Empfindsamkeit, wie erhaltenen Befehlen gehorchend."

Emil Nolde, Maler (1867–1956)

„DIE FARBEN SIND ALLHIER BEZAUBERND: DIE BRAUNE HEIDE, DIE GRÜNEN WATTWIESEN, DAS SILBERGRÜN DER DÜNEN. DAS MEER IST IMMER ETWAS SCHÖNES, ERHABENES – ICH WERDE NICHT MÜDE, IHM ZUZUSCHAUEN."

Ernst Penzoldt, Autor (1892–1955)

„Immer geradeaus Richtung Norden liegt eine Insel im Meer. Wenn du sie findest verlierst du dein Herz und kommst immer wieder hierher."

SHANTY CHOR SYLT, „SONNE ÜBER SYLT"

„Ich war ein kleiner Buttje, als ich die Insel das erste Mal besuchte. Und seitdem hat mich die Landschaft einfach nicht mehr losgelassen. Schon ein einziger Tag hier ist für mich eine Medizin, die lange vorhält."

Axel Springer, Verleger (1912–1985)

„Sylt-Rantum
Weil ich nur dieses Donnern wieder höre,
dies Mahlen einer ungeheuren Mühle,
weil ich nur diesen Flugsand wieder fühle
und dieser Möwen Ruhe wieder störe!
Du abendliche Klarheit dort im Westen,
sei mir ein Bild von naher Tage Glück.
Still leg ich mich ins Dünengras zurück.
Nicht wie ich will – wie ES will, ist's am besten."

CHRISTIAN MORGENSTERN, DICHTER (1871–1914), HIELT SICH IM SOMMER 1895 AUF SYLT AUF.

Worte über Sy

„HIER, ZWISCHEN DÜNEN UND ENDLOSEM WASSER, IST ES HERRLICH. LEIDER HABE ICH MICH BEREITS ERKÄLTET. SONST IST ES, WAS ICH SUCHTE: EINE VÖLLIG ANDERE WELT."

Max Frisch, Autor (1911–1991) in einem Brief an Friedrich Dürrenmatt. Frisch verbrachte 1949 mehrere Wochen im Haus seines Verlegers Peter Suhrkamp.

„Ich fühle mich in Kampen auf Sylt ein bisschen wie ein Affe im Zoo, aber mit lieben Besuchern."

GUNTER SACHS, INDUSTRIELLENERBE UND FOTOGRAF (1932–2011)

„DAS LAND ZWISCHEN HAMBURG UND SYLT BESTAND AUS LAUTER STRIEMEN. WAAGERECHT: DAS WAREN DIE ÄCKER, FELDRAINE UND MISTBAHNEN. SENKRECHT: DER REGEN!"

Sten Nadolny, Autor (geb. 1942), in seinem Roman „Netzkarte"

„Manchmal schließe ich die Augen
Stell mir vor, ich sitz am Meer
Dann denk ich an diese Insel
Und mein Herz, das wird so schwer
Diese eine Liebe wird nie zu Ende gehen
Wann werd ich sie wiedersehen?"

Band: Die Ärzte, Song: „Westerland" (Text Jan Vetter)

„Nicht Glück oder Unglück, der Tiefgang des Lebens ist es, worauf es ankommt. An diesem erschütternden Meere habe ich tief gelebt und was es aufregte, das wird, gebe es Gott, irgendwie einmal ehrenhaft fruchtbar werden."

THOMAS MANN, AUTOR (1875–1955). MANN MACHTE DREI MAL URLAUB AUF SYLT (1921, 1927 UND 1928)

„EINE INSEL IM MEER,
SO STARK IN MEINEN TRÄUMEN,
WIE SEHN ICH MICH NACH IHR,
NACH EINEM FESTEN PLATZ.
MEIN EILAND, MEIN SCHUTZ,
MEINE LIEBE ZU IHR BLEIBT UNGENANNT
UND TIEFER ALS DAS MEER."

Klaus Hoffmann, Liedermacher (1951), in seinem Song „Eine Insel"

„Das letzte Mal, dass ich so richtig ausgelassen war
Das war mit dir damals auf Sylt in der Sansibar
Wir ham gequatscht bis in die Puppen
Und voher gingen wir sinnlos shoppen
Wir schwammen besoffen nachts im Meer
Das ist jetzt ungefähr drei Männer her."

Ina Müller, Sängerin (geb. 1965) in ihrem Song „Drei Männer her"

„Ich könnte in der Umgebung von Kampen tagelang still sitzen und nur Ausschau halten. Alles auf dieser Insel ist ganz nah und gegenwärtig und zugleich in gläserner Ferne."

PETER SUHRKAMP, VERLEGER (1891–1959)

Die Ruhe lässt die Insel atmen – und die frische Brise macht fit

Meilenweit kaum Menschen am Strand: Der Hamburger Komiker Jörg Knör hat bei unserem Anruf gleich zum Stift gegriffen – und uns aufgezeichnet, was er am Sylter Herbst liebt.
Foto: imago images
Zeichnungen: Jörg Knör

Was prominente Inselliebhaber aus Hamburg und Einheimische am Sylter Herbst und Winter lieben – und empfehlen

TEXT: MAYBRIT NOLTE UND KAJA WEBER

Sylt ist eine Ganzjahresinsel", sagt der Hamburger Unternehmer Manfred Baumann. Er lebt mit seiner Familie seit rund 40 Jahren in Morsum und lädt die Prominenz der Insel zu einem alljährlichen Krebsessen ein. Die Faszination Sylts ist nicht witterungsabhängig, davon ist Baumann überzeugt. Aber: „Aus unserer Erfahrung können wir sagen, dass im Herbst meist das Wetter besonders schön ist." In dieser Jahreszeit sei die Insel auch weniger überlaufen. „Das gilt insbesondere, wenn Nordrhein-Westfalen keine Ferien mehr hat, dann beruhigt sich die Insel", sagt Baumann. „Dieses Beruhigte lässt die Insel atmen und verdichtet eigentlich das Flair von Besonderheit, ohne übertriebenen Trubel."

Aber auch in der Hochsaison gebe es immer noch Orte, an denen man Ruhe finden könne. An ihrem Wohnort Morsum schätzt und liebt Familie Baumann die noch immer ländliche Struktur. Und auch der Strand am Ellenbogen sei einzigartig. „Kampen ist natürlich wunderschön, aber ein bisschen zu speziell. Ich sag immer, dass die jeweiligen Hausbesitzer mit der Nagelschere den Rasen pflegen", erzählt der Unternehmer.

Gastronomisch könne er ganzjährig die bekannte Sansibar seines Freundes Herbert Seckler empfehlen, aber auch das Il Ristorante, die Vogelkoje oder das Hotel Stadt Hamburg. Zu seinem traditionellen Krebsessen, das dieses Jahr coronabedingt ausfallen musste, gebe es im Herbst kein Pendant, findet Baumann selbst. Aber Sylt ist auch ohne große Partys für viele Prominente in der stürmischeren Jahreszeit ein festes Ziel:

Für Fernsehstars wie Günther Jauch und Johannes B. Kerner ist die Insel ebenso ein zweites Zuhause wie für die Fußballlegenden Günter Netzer oder Jürgen Klopp. Und auch Politiker wie Wolfgang Schäuble oder der ehemalige Hamburger Bürgermeister Ole von Beust reisen in der Nebensaison regelmäßig an. Und für Künstler wie die Berliner Sänger Reinhard Mey oder Klaus Hoffmann ist Sylt seit Jahrzehnten Entspannungs- und Inspirationsort für neue Songs. Klaus Hoffmanns „Es regnet immer auf Sylt" entspricht zwar meteorologisch nicht der Wahrheit – legt aber nahe, dass auch er nicht nur im Sommer hier ist.

„Sylt ist auf dem Weg zum Ganzjahresziel", sagt auch der Hamburger Lorenz von Ehren, Inhaber einer der führenden Baumschulen Europas und Freund der Baumanns. „Aber Herbst und Winter sind doch besonders erholsam", sagt von Ehren weiter. Er genießt die Ruhe auf Sylt fernab der Hochsaison. „Rad und Wanderwege sind entspannt zu nutzen, der Strand ist meilenweit leer, und die meist frische Brise macht fit und unternehmungslustig", findet der Unternehmer.

Jörg Knör am Strand: Hier findet er Inspiration – und spricht seine Ideen aufs Smartphone.

Er empfiehlt zur Erholung nach einem Spaziergang oder einer Runde Golf die Wellnessangebote einiger Hotels. Für besonders guten Fisch solle man das Restaurant Königshafen in List besuchen. Bei vielen Restaurants habe der Buchungsdruck im Sommer zu einem Zwei- bis Dreischichtenbetrieb geführt, erklärt der Unternehmer. Lorenz von Ehren freut sich, wenn er im Herbst und Winter auch ohne lange Wartezeit seine Lieblingsrestaurants besuchen kann.

Dass im Herbst weniger Gäste auf die Insel kommen, ist auch für die Einheimischen ein entscheidender Faktor in der Jahreszeit. „Das Familiäre, die Ruhe vor dem Lebensgeber, also den Touristen" mache dann die Insel aus, sagt Sven Eickenrodt. Der 55-Jährige ist Mitarbeiter der Kleinen Küchenkate in Keitum. In den vergangenen 40 Jahren habe es dabei ziemliche Änderung gegeben: Früher sei es von den Herbstferien bis Ostern ruhig gewesen, auch Gastarbeiter hätten die Insel zum Beispiel Richtung Gran Canaria verlassen. Inzwischen bleibe Sylt aber auch im Herbst voller. „Die Saison ist jetzt nicht mehr so klar abgegrenzt", sagt Eickenrodt. Seine Schwester lebt auf Sylt, doch manchmal sieht er sie bis zu drei Monate nicht, obwohl die beiden nur einen Kilometer auseinander wohnen.

Trotz der Veränderung der Saisons rücken die Inselbewohner im Herbst wei-

terhin näher zusammen, meint Eickenrodt: „Gerade in den östlichen Dörfern gibt es noch viele Einheimische, und die halten zusammen." Im Herbst können dann nicht nur die prominenten Besucher, sondern auch die Insulaner selbst mehr die Natur genießen. „Das ist wettertechnisch zwar schwieriger", sagt Eickenrodt. Trotzdem könne man dann gut Rad fahren, reiten und spazieren gehen.

Fahrrad fahren auf Sylt im Herbst mag auch der Hamburger Komiker Jörg Knör. Wenn auch nur mit dem richtigen Equipment wie Schal, Mütze und – ganz wichtig – Handschuhen. „Ich fahre wirklich gern Richtung List. Dort ist die Wanderdüne, und dann gibt's dort auch das beste Eis zu essen", sagt er und verweist auf die Sylter Eismanufaktur. „Ich find's ja grade gut, sich einzumummeln, sich warm anzuziehen. Das Einkehren zu einem warmen Getränk ist noch mal schöner, wenn das Gesicht eiskalt ist und die Wangen rot sind", sagt Knör.

Einkehren könne man besonders gut auf seinem Lieblingsweg: „Ich gehe vom Seepferdchen über den Strand zur Sansibar und zurück. Entweder esse ich im Seepferdchen und trinke den Kaffee in der Sansibar oder umgekehrt. In dieser halben Stunde spreche ich meine Ideen aufs Handy und schreibe mir die Texte bei einem Kaffee auf". Sowohl in der Sansibar als auch im Seepferdchen könne man von Knör gezeichnete Karikaturen der Gastronomen auf den Servietten finden.

Beide hätten etwas gemeinsam: „Die Gastronomen und die Künstler machen die Menschen glücklich." Zum

Auch in der ruhigeren Saison Sylt-Fans: Gisela und Lorenz von Ehren (oben links), Reinhard Mey (unten links), Katharina und Manfred Baumann (Mitte) sowie TV-Talkmaster Johannes B. Kerner (oben rechts) und Ole von Beust (unten rechts). Fotos: picture alliance / dpa, Ullstein Bild

Aufwärmen vom Winterwind biete sich außerdem die Strandsauna an, die in List auch im Herbst geöffnet habe. Knör zieht den Herbst und Winter insgesamt dem Sommer auf Sylt vor: „Die Schönen und Reichen fehlen, es sind nur noch die Schönen da", sagt er. Für den Entertainer ist die Insel ein Ort der Inspiration. „Meine Frau schickt mich dann nach Sylt mit Hausaufgaben", sagt er. Knör tritt seit 25 Jahren auf der Insel auf. Im Herbst habe Knör oft seine Jahresrückblicke geschrieben, in diesem Jahr will er seine Silvesterausgabe am 30. Dezember 2021 im Kursaal³ in Wenningstedt aufführen.

Trotzdem entdecke er immer wieder etwas Neues, so zum Beispiel das Künstler Café, in dem er vor Kurzem mit seinem Sohn war: „Da ist ein Typ, der hat ein Tonstudio und macht richtig dicke Musik. Im Hinterzimmer produziert er mit Künstlern. Vorne hat er ganz entzückend ein paar Tische und macht für mich auf jeden Fall die beste Pizza. Ich mag eigentlich gar keine Pizza, aber das war großartig", erzählt der Comedian. Wer keine Pizza mag, dem empfiehlt er im Herbst die Sylter Austern. An der Volksweisheit, dass man Austern nur in Monaten mit „R" im Namen essen solle, sei wirklich etwas dran: „Ab September ist das auf jeden Fall mein Herbstdo-

ping", schwärmt Knör. „Im Sommer kommen Menschen, um gesehen zu werden, und im Herbst und Winter kommen Menschen, um selber zu sehen", schließt er. Ab Herbst würden auch weniger teure Autos auf den Straßen von Sylt fahren. Er verrät aber auch, was ihm selbst eine Investition wert wäre: „Wofür ich ja Geld

ausgeben würde, wenn es das als Parfüm gäbe, ist dieser Duft, wenn die Sonne auf den Muschelkalk geschienen hat und der Wind dann diesen Geruch von Muscheln, Algen und Salzwasser in die Nase bläst." Den würde Jörg Knör gern mit nach Hause nehmen – aber den gibt es nur auf Sylt. Im Herbst.

7 Tipps für den Herbst

Wenn die Strandkörbe im Winterquartier schlummern, die Winde stärker und die Strände leerer werden, bricht für viele die schönste Zeit auf Sylt an. Unsere Autorin lebte lange auf der Insel. Hier sind sieben Empfehlungen von ihr für die Nebensaison

TEXT: SIMONE STEINHARDT

Schafe haben immer Vorfahrt – nicht nur auf der Privatstraße am Sylter Ellenbogen.
Foto: imago images

1. Erfrischende Sauna am Strand

Für einen Saunabesuch nach Sylt? Wer jetzt ungläubig den Kopf schüttelt, hat vermutlich noch nie eine Strandsauna besucht. Am nördlichsten Zipfel der Insel liegt die Strandsauna Listland, eingebettet in eines der schönsten Dünentäler Sylts. Nach dem Saunagang kommt das Beste: zum Abkühlen kreischend in die tosende Brandung rennen, wo der Atem kurz stockt angesichts der Wassertemperatur. Danach kuschelt man sich in den Bademantel und genießt das Gefühl, nie wacher und lebendiger gewesen zu sein. Bademantel und Handtücher können gegen Gebühr ausgeliehen werden.
Öffnungszeiten: täglich von 11 bis 17 Uhr bis 31. Oktober. , www.strandsauna-list-auf-sylt.de

2. Entspannung am Ellenbogen

Danach bietet sich eine Entdeckungstour zum Lister Ellenbogen an, seit 1608 im Privatbesitz mehrerer Lister Familien. Das einmalige Naturschutzgebiet erreicht man über eine holprige Straße, gesäumt von imposanter Dünenlandschaft. Auto- und Wohnmobilfahrer müssen eine Maut entrichten, Radfahrer und Fußgänger zahlen nichts. Vorsicht: Die Schafe laufen hier frei herum – und haben immer Vorfahrt. Wie ein Fingerzeig erstreckt sich der Nehrungshaken in Richtung der Nachbarinsel Rømø. Zwei Leuchttürme, endlose Weite, Stille, nur durchbrochen durch das Rauschen der Brandung am Weststrand. Ein Spaziergang dicht an der Brandungszone wirkt wie eine Inhalation: „Dort atmet man das sogenannt maritime Aerosol ein, frei von Staubpartikeln und Pollen", erklärt der Sylter Allgemeinmediziner und Badearzt Günter Kirschke. Im Herbst, wenn der Wind die Gischt hochpeitscht, ist der Effekt größer als im Sommer. Hat man das Inselende schließlich umwandert, verliert man sich in der Stille und Weite des Wattenmeers.

Das pure Inselgefühl ist kaum irgendwo anders intensiver als hier. Vor allem jetzt, wenn man außer Schafen, Seehunden und vielleicht Familie Diedrichsen niemanden sonst trifft. Conni und Thomas Diedrichsen sind die Miteigentümer des Ellenbogens und die einzigen Bewohner dort draußen. Wer diesem außergewöhnlichen Lebensgefühl selbst nachspüren möchte, mietet sich in eine der Ferienwohnungen der Familie ein. Auf die Gefahr hin, danach nicht mehr in die Zivilisation zurückkehren zu wollen.
www.uethoern.de, Tel. 0465-87 02 18.

3. Kultur-Spaziergang in Kampen

Nach so viel innerer Einkehr bietet sich ein sanfter Übergang zurück in die Sylter Zivilisation an. In Kampen verbinden sich Kultur und Natur auf dem Kunst- und Kulturpfad entlang des Wattenmeeres zu einem anregenden Zusammenspiel für Körper und Geist. Seit jeher hat das Dorf Künstler und Kulturschaffende angezogen. Insgesamt erinnern 32 verschiedene beschriftete Bronzegussplatten an jene Kreativen und Intellektuellen, die sich in Kampen inspirieren ließen und den Ort zu dem machten, was er heute ist. Nach der Devise „Jeder Gang macht schlau und schlank", bietet der Kampener Künstler Thomas Landt einen Spaziergang auf dem Kunstpfad an und vermittelt launig Wissenswertes über Kunstgeschichte sowie die Geschichte Kampens als Künstlerdorf. Termine unter www.kampen.de. 13 Euro. Tel. 04651-469 80.

4. Magisches Licht am Morsum-Kliff

Nicht verpassen sollte man einen Spaziergang am Morsum-Kliff, einem der wichtigsten geologischen Denkmäler Deutschlands. 2006 wurde es von der Akademie der Geowissenschaften zu Hannover als „Nationales Geotop" ausgezeichnet. Auf einer Länge von 1800 Metern und 21 Meter Höhe zeigen sich verschiedene Erdepochen. Der braunrote, vier bis fünf Millionen Jahre alte Limonitsandstein taucht das Kliff bei Sonnenaufgang in ein magisches Licht. Im Sommer ist das Morsum-Kliff oft überlaufen, daher bietet sich die Erkundungstour im Herbst an.

5. Rösten in Rantum

Weiter Richtung Süden lockt ein Besuch des Rantumer Hafens. In den letzten Jahren haben sich hier verschiedene kleinere Unternehmen angesiedelt, darunter die Kaffeerösterei Sylt. Der Sylt-Heimkehrer Christian Appel röstet regelmäßig selbst – dabei kann man sogar zusehen. Termine gibt es unter www.kaffeeroesterei-sylt.com.

6. Naturschauspiel am Rantumbecken

Ein imposantes Naturschauspiel bietet sich im Herbst am Rantumbecken: Dann gehört die Bühne Millionen von Zug- und Wasservögeln, die sich Speck für den Weiterflug anfressen oder auch überwintern.

7. Mehr vom Meer – zur Entspannung

Zu guter Letzt und nach so viel frischer Luft könnte man sich noch eine luxuriöse Spa-Behandlung gönnen: im Hörnumer Hotel Budersand zum Beispiel. Die Behandlungen haben hier schon so schöne Namen wie „ Mehr vom Meer" oder „Schwerelos am Meer".
www.budersand.de

OPENING
2022

LAN
SER
HOF
SYLT

© ingenhoven architects

Eine Insel voller Erinnerungen

So sah Urlaub auf Sylt früher
einmal aus: Der kleine Junge vorn
im Bild ist längst ein erwachsener
Mann. Vielleicht fährt er immer
noch auf die Insel – und erinnert sich.
Fotos: picture alliance,
Michael Rauhe, Roland Magunia

Die Mode-Ikone Iris von Arnim
und der Theater-Impressario
Thomas Collien: Zwei prominente
Hamburger, die seit mehr als
50 Jahren auf die Insel kommen,
über erste Erinnerungen
und Veränderungen

TEXT: JAN-ERIC LINDNER

E r erinnert sich an den Anblick seiner sonnenverbrannten Eltern am FKK-Strand,
sie an das Knacken des gefrorenen
Strandhafers, das sie so noch nicht kannte und das sie faszinierend fand – wohl
auch, weil sie mit ihren Freunden bereits
den einen oder anderen Joint geraucht
hatte. Gemeinsam haben sie, dass ihre
ersten Sylt-Erinnerungen um die 50 Jahre alt sind. Die Hamburger Mode-Ikone
Iris von Arnim und der Hamburger Theater-Impressario Thomas Collien reisen
seitdem regelmäßig auf die Insel und
haben beide inzwischen einen Zweitwohnsitz dort. Wie hat Sylt sich seitdem
verändert? Was machte Sylt damals und
was macht Sylt heute aus? Das wollten
wir von beiden unabhängig voneinander
wissen.

Thomas Collien reiste erstmals als
kleiner Bub auf dem Rücksitz des elterlichen Autos nach Sylt. Er erinnert sich:
„Ich war erschrocken, als ich meine Eltern
zum ersten Mal nackt am FKK-Strand gesehen habe. Das war außergewöhnlich.

Und sie haben die Sonne so lange ausgekostet, bis meine Mutter mit schwerem Sonnenbrand im Krankenhaus behandelt werden musste." Die Faszination für Sylt erwuchs später, im Laufe der Jahre, in denen Collien immer wieder zurückkehrte. Zuerst weiter mit den Eltern, dann allein, mit Freunden, mit seiner heutigen Frau. „Heute haben wir unser Domizil dort, wo meine Frau und ich bei unserem ersten gemeinsamen Urlaub vor 27 Jahren auf der Insel gewohnt haben." In List hat Collien seine zweite Heimat gefunden: „Vor sieben Jahren hatte ich das Glück, Eigentum erwerben zu können." Ganz bewusst dort, wie er sagt: „List ist weiterhin relativ ursprünglich", sagt er. „Dort bin ich nahe am Vergnügen, kann mich aber auch komplett zurückziehen, ganz anonym bewegen und zum Beispiel allein im Strandkorb am Weststrand sitzen." So gesehen habe sich Sylt für ihn gar nicht so stark verändert, sagt der St.-Pauli- und Hansatheater-Chef, der zudem seine eigene Konzert- und Theateragentur betreibt. Wann immer es geht, verlängert er sein Wochenende, um mehr Zeit auf Sylt zu verbringen. Was er an „seinem Dorf" schätzt, ist, dass es im Winter nicht völlig leer und dunkel wird. Collien: „List wird keine Geisterstadt so wie Kampen. Hier gibt es viele Einheimische, die Mischung stimmt. Noch." Darauf komme es für List jetzt an, sagt Collien: die Balance zu halten zwischen Einheimischen und Touristen.

Wenn es ihn nach Vergnügen dürste, so Collien, könne er ja jederzeit nach Kampen oder anderswo fahren. „Das mache ich natürlich. Vor allem, wenn ich Lust habe, die ganzen Nasen zu sehen, die ich auch in Hamburg sehe." An der Buhne 16 zum Beispiel, so erzählt er, trifft er in der Saison eigentlich immer bekannte Gesichter aus der Heimat. Und natürlich in den Läden rund um die Whiskymeile. Ist ihm nicht danach, steuert er gern das Restaurant Königshafen in List an – ein Familienbetrieb wie der eigene. 1932 hatte Colliens Großvater Kurt eine Konzertagentur gegründet, Weltstars wie Maria Callas und Marlene Dietrich auf die Bühnen gebracht. Später kamen das Theater am Besenbinderhof und das Operettenhaus dazu. Michael Collien, Thomas' Vater, stieg in das Unternehmen ein, führte es erfolgreich weiter. Seit 1987 ist Thomas Collien im Unternehmen., seit 2001 leitet er das Familienstammhaus St. Pauli Theater. 2003 stieg Partner Ulrich Waller mit ein. Mit ihm zusammen führt Collien auch das Hansa-Theater. Zudem verantwortet er weiter große Shows und Produktionen wie das Lindenberg-Musical „Hinterm Horizont".

Zurück nach Sylt: „Veränderungen erlebe ich natürlich", sagt Collien. „Aber das, was ich auf Sylt suche, finde ich nach wie vor. Die Ruhe bei langen Spaziergängen mit dem Familienhund, einem Labradoodle. Und in der Corona-Pandemie war die Insel ein grandioser Rückzugsort." In Kampen treffen wir Iris von Arnim. Die Modeschöpferin und „Kaschmir-Queen" kommt mit einem

---

Iris von Arnim
wurde am 25. Januar 1945 in Berbisdorf (Schlesien) geboren. Nach einem schweren Autounfall, der sie für Monate ans Bett fesselte, begann sie zu stricken und wurde zur international anerkannten Mode-Ikone. 1976 zog sie von München nach Hamburg. Sie lebt in Harvestehude, beliefert mehr als 200 Boutiquen weltweit mit ihren edlen Kaschmir-Kreationen. Eigene Boutiquen gibt es in Kampen, Düsseldorf und München. Sie produziert in Italien. Im Jahr 2006 trat ihr Sohn Valentin von Arnim in die Firma ein. Seit 2009 leitet er das operative Geschäft.

E-Bike zu ihrem Geschäft am Entrée der Whiskymeile in Kampen. Dem Ort, dem sie viel verdankt – und der ihr viel zu verdanken hat. Was sich auf Sylt verändert hat? „Alles und nichts", sagt sie. „Es ist schwer, das genau zu sagen, weil sich ja ständig alles verändert. Das ganze Reisen hat sich potenziert. Aber auf Sylt gibt es nach wie vor die nettesten Leute – und es gibt Muffelpötte."

Etwa 23 müsse sie gewesen sein, als sie zum ersten Mal Sylt besuchte. Nach einem Autounfall, den sie nur knapp überlebt hatte, nahmen Freunde sie mit auf die Insel. Westerland zur Weihnachtszeit. Ein eiskalter Winter. „Ich erinnere mich genau an den Strandhafer, den man brechen konnte wie Strohhalme. So etwas hatte ich noch nie gesehen. Viele Erinnerungen an damals habe ich nicht mehr. Wir hörten die Stones und rauchten. Aber dieses Bild, dieser Eindruck – das hat sich tief eingebrannt", erzählt von Arnim. Nach dieser Reise dauerte es einige Jahre, bis sie zurückkehrte. Am Großneumarkt hatte sie inzwischen ihren ersten eigenen Laden aufgemacht. Sie verkaufte im Schnitt sechs Strickpullover pro Woche. Nun sollte sie „Store Managerin" werden – in einer der ersten Kampener Boutiquen. „Ich habe zur Bedingung gemacht, dass ich meine eigenen Pullover mitbringen und anbieten durfte", erzählt Iris von Arnim. „Plötzlich verkaufte ich zwölf Stück – pro Woche!" Schon damals sei Sylt eine Insel gewesen, auf der ein Preis von 350 D-Mark für einen Pullover nicht vollkommen utopisch war. Bis heute rangieren die Artikel der Hamburger Designerin recht weit am oberen Ende der Preisskala. „Damals wie heute ging es um das sogenannte It-Peace. Damals habe ich ohne Ende diese Regenbogenpullis verkauft", erzählt von Arnim.

In jenem Sommer verliebte die junge Designerin sich in die Insel – und traf jenen Mann wieder, der ihr nach dem Autounfall das Bein rettete. Schon bei

ihrem mehrmonatigen Klinikaufenthalt hatte es zwischen der freiheitsliebenden jungen Frau und dem Arzt gefunkt. „Man ging wahnsinnig viel aus damals auf Sylt", erinnert sich von Arnim. „Es war Lebensfreude ohne Ende. Ich weiß gar nicht, wie ich nebenbei noch gearbeitet habe!" Wenn ich das jetzt so betrachte, sehe ich diese Lebenslust des Ausgehens und Flanierens nicht mehr so sehr." Damals, so sagt sie, habe ich das Reisen und Feiern allerdings auch auf die Hochsaison konzentriert. „Kampen war im Sommer das Wohnzimmer Hamburgs." Inzwischen kommt ganz Deutschland – das ganze Jahr über.

Ist die Insel ruhiger geworden, ist Iris von Arnim ruhiger geworden? „Auf Sylt habe ich gelernt, die Natur stärker wahrzunehmen. Ich höre den Kuckuck, sehe Iltisse im Garten am Rande von Kampen. Seit Covid habe ich sogar Rehe an den Rhododendren. Ich habe den Eindruck, dass die Natur sich erholt", sagt die Mode-Ikone. Ihr Unternehmen führt sie inzwischen gemeinsam mit dem Sohn. Es soll in der Familie bleiben, bislang hat sie alle Übernahmeangebote abgelehnt. Das Geschäft auf Sylt hat sie vor rund

Thomas Collien
ist 54 Jahre alt und stammt aus einer Hamburger Theaterfamilie. Großvater Kurt gründete eine Konzertdirektion, in die Thomas' Vater Michael später einstieg. Seit 1987 ist Thomas Collien im Unternehmen. 2001 übernahm er die Leitung des Stammhauses St. Pauli Theater. 2003 stieg Partner Ulrich Waller mit ein. Mit ihm zusammen führt Collien auch das Hansa-Theater. Zudem verantwortet er weiter große Shows und Produktionen wie das Lindenberg-Musical „Hinterm Horizont". Thomas Collien ist verheiratet und hat zwei Kinder.

neun Jahren deutlich erweitert, um ihr Angebot angemessen präsentieren zu können. Ohnehin ist der Erfolg der Modeschöpferin eng mit Sylt verbunden. Sie erzählt: „Ich hatte ja bis dahin alles Mögliche ausprobiert. Meist mit wenig Erfolg. Ich wollte Fotografin werden, war aber nicht gut genug. Mit dem Stricken hatte ich eine Passion, die ich nach meinem schweren Unfall erst entdeckt hatte und zum Lebensinhalt wurde. Es hat funktioniert. Auf einmal wollten alle etwas haben, das ich entworfen und hergestellt hatte. Es war ein tolles Gefühl!“ Auch deshalb blieb sie Sylt immer treu. Rolf Seiche, damals Betreiber der legen-

dären Kampener Institutionen Village und Gogärtchen, ermöglichte ihr Ausstellungen und Modenschauen. Kampen war ein Dorf von Welt – und Iris von Arnim mittendrin.

„Wo sind die Leute von damals alle geblieben?“, fragt die Designerin. „Ich habe den Eindruck, Leute in meinem Alter gehen nicht mehr gern vor die Tür.“ Das beobachte sie ein wenig auch an sich selbst, sagt Iris von Arnim: „Ich muss auch nicht mehr um die Welt reisen. Ich bin lieber hier!“ Damals wie heute sind es drei Dinge, die sie an Sylt besonders schätzt: Sonne, Strand und Lässigkeit. „Es war immer frei und weit, es gibt hier

keine Enge“, sagt sie. Dazu das Familiäre und das breite Spektrum an Möglichkeiten: „Ich kann mich in feinen Kreisen tümmeln, wenn mir danach ist. Ich kann aber auch ganz allein sein.

Die Insel sei mehr zum Ziel von Familien geworden, sagt die Hamburgerin. Statt mit den Freunden verreise die jüngere Generation aber offenbar eher im kleinsten Kreis. Das habe natürlich auch Auswirkungen auf die Feierkultur. Sie selbst besucht gern ihren Freund Herbert Seckler und ihre Nachbarn auf der Whiskymeile. Die, so findet sie, könnte langsam allerdings mal wieder etwas mehr Leben vertragen. An ihr soll es nicht liegen: Mindestens 20-mal im Jahr, so schätzt Iris von Arnim, kommt sie nach Sylt, meistens mit dem Cabrio, dessen Dach eigentlich nie geschlossen ist, inzwischen auch manchmal mit der Bahn. Immer dann, wenn sie am Wochenende unterwegs ist. Warum? „Ich stehe nicht gern im Stau“, sagt von Arnim. „An manchen Tagen braucht man ja inzwischen Stunden, um überhaupt auf den Autozug zu kommen.“ Wie auch sonst der Auto- und Fahrradverkehr auf der Insel zugenommen habe, wie die Teilzeitsylterin empfindet.

Und dann wiederum sei es manchmal gespenstisch, gerade in den Wohnstraßen in Orten wie Kampen. „Im November ist hier weit und breit niemand. Viele Straßen sind stockfinster, da ist kein Licht in den Fenstern, wenn ich spazieren gehe.“ Sie selbst lässt lieber Freunde oder Mitarbeiter in ihrer Wohnung Urlaub machen, wenn sie selbst in Hamburg oder anderswo unterwegs ist, macht anderen und somit auch sich selbst eine Freude.

Sylt, so sagt Iris von Arnim, erinnere sie immer wieder daran, dass man das Schöne im Leben sehen, schätzen und genießen sollte. „Sie ist doch ein Geschenk, diese Insel. Sie war es immer. Dafür müssen wir dankbar sein.“

Eine Strandparty in den 70er-Jahren auf Sylt.

Mit A-ROSA den Urlaub rund um genießen!

Mit A-ROSA gehen Sie auf Erkundungstour, verbringen genussvolle Stunden in unseren Restaurants und erleben Urlaubsvielfalt von ihrer entspannten Seite. Wandern Sie auf Sylt barfuß durch das Lister Sandwatt oder lehnen Sie sich im Strandkorb an der Nordsee entspannt zurück. Sie wollen lieber aktiv unterwegs sein? Dann machen Sie doch eine Fahrradtour durch die Sylter Heide. Die Fahrräder können Sie direkt im Resort ausleihen.

Entspannung von früh bis spät

Lehnen Sie sich im SPA-ROSA mit Innen- und Außenpool zurück oder genießen Sie die wohltuende Ruhe in dem weitläufigen Saunabereich. Hier werden Gäste mit innovativen Anwendungen, außergewöhnlichen Specials und neuesten Beauty-Konzepten abseits von kurzlebigen Trends verwöhnt. Lassen Sie sich von den geschulten Wohlfühlexperten so richtig durchkneten oder tauchen Sie zum Beispiel mit den Produkten von RITUALS ein in die Welt der Rituale.

A-ROSA Genussmomente

Ob Buffet oder À la carte: das A-ROSA lädt Sie ein auf eine kulinarische Reise. Lassen Sie sich in THE FISCH CLUB von der Atmosphäre und den Köstlichkeiten von Dirk Seiger und seinem Team begeistern. Mit hervorragender Qualität und dem richtigen Beat erleben Sie hier einen unvergesslichen Abend. Sie wollen lieber am Buffet schlemmen? Das Dünenrestaurant bietet Ihnen sowohl zum Frühstück als auch zum Abendessen ein vielfältiges Angebot an regionalen und nachhaltigen Produkten. Vegetarische und vegane Speisen stehen hier selbstverständlich auch mit auf dem täglich wechselnden Speiseplan. Zum Abschluss? Darf ein süßes Schlemmerbuffet natürlich nicht fehlen.

Weil der Urlaub eine Zugabe verdient

Den Abend lassen Sie am besten in der Bar bei einem eisgekühlten Drink ausklingen. Natürlich erhalten Sie hier auch exklusive Weinempfehlungen. Hier lauschen Gäste den Klängen der Live-Musiker und genießen das gemütliche Ambiente

Extratipp für Familien

Familien verbringen bei A-ROSA ganz viel Erholungszeit. Während Mama und Papa sich entspannen, toben die kleinen Entdecker im Rosinis um die Wette. Das A-ROSA bietet Eltern außerdem die Möglichkeit einen exklusiven Babysitter-Service zu buchen.

A-ROSA Sylt | Listlandstraße 11 | 25992 List/Sylt | www.a-rosa-resorts.de

„Mann gönnt sich ja sonst nichts"

Jürgen Gosch, Gründer und Chef der gleichnamigen Fischrestaurants, über sein neuestes Projekt, Fernweh und die ewige Diskussion über zu viele oder zu wenige Touristen auf Sylt

TEXT: LARS HAIDER

Jürgen Gosch wurde am 15. Mai 1941 in Tönning geboren. 1972 eröffnete er in List seinen ersten Fischimbiss. Heute gibt es bundesweit 40 Gosch-Filialen. Foto: picture alliance er eine war Koch und Kellner, der andere Maurer, und als sie vor vielen Jahrzehnten nach Sylt kamen, hatten sie wenig außer guten Ideen. Heute sind Herbert Seckler und Jürgen Gosch die bekanntesten Menschen der Insel. Gastronomen, die aus Bretterbuden zwei in ganz Deutschland bekannte Marken gemacht haben, die reich geworden und doch sie selbst geblieben sind, auch jetzt, wo der eine gerade 80 geworden und der andere auf die 70 steuert. Abendblatt-Chefredakteur Lars Haider hatte das Glück, Jürgen Gosch und Herbert Seckler für dieses Magazin an einem Tag treffen zu können: Um 12.30 Uhr war er zum Gespräch im Weinkeller (!) der Sansibar in Rantum, um 14.30 Uhr in der nördlichsten Fischbude Deutschlands, also bei Gosch, in List. Herausgekommen sind zwei Gespräche, die man sich auch als Podcasts unter abendblatt.de/entscheider anhören kann.

Und, ja, die beiden verbindet einiges, vor allem die Bekanntheit und der unternehmerische Erfolg. Sie sind aber auch sehr unterschiedlich: Während Herbert Seckler Sylt kaum noch verlässt, weil er es nirgendwo anders so schön findet und nirgendwo so glücklich ist wie auf der Insel, sagt Jürgen Gosch, dass er „nicht immer nur auf diesem Sandknust" sein könne und Fernweh spüre. Was auch für seine Kinder gelte, sein Sohn Björn lebt inzwischen als Meeresbiologe in Australien. Secklers Kinder haben dagegen die Begeisterung für Sylt geerbt, auch wenn sie deshalb noch lange keine Sylter seien – sagt der Papa. Warum das so ist, was Gosch und Seckler über den Tourismus auf Sylt und prominente Gäste denken, was ihnen Geld bedeutet und vieles mehr, lesen Sie hier – und ab Seite 56:

Das sagt Jürgen Gosch über ...
... sein neues Restaurant Jünne:
„Man gönnt sich ja sonst nichts. Ich bin in diesem Jahr 80 geworden und habe immer von einem ganz besonderen, einem edleren Restaurant geträumt. Das habe ich hiermit geschafft. Der eine kauft sich mit 80 einen Ferrari, ich habe einen schö-

nen Laden gebaut. Zum Glück kann ich mir das finanziell erlauben und musste deswegen nicht zur Bank laufen. Wir haben hier in List ja unten diese Hafenatmosphäre, das ist seit vielen Jahrzehnten mehr so ein Rummelplatz, mit Ecken und Buden. Das mögen viele und kommen deshalb immer wieder. Aber andere haben auch zu mir gesagt: Jünne, wir würden gern zu dir kommen, können aber nicht reservieren und haben nirgendwo die Chance, mal in Ruhe etwas zu essen. Letzteres gilt vor allem für meine vielen prominenten Gäste, die ständig fotografiert werden, wenn sie unten in der Fischbude etwas essen wollen. Für die, die mal in Ruhe Gosch erleben, die vielleicht auch mal ein Event machen oder eine Hochzeit feiern wollen, habe ich dieses Restaurant gebaut. Ob ich damit Geld verdienen werde, weiß ich nicht. Aber ich habe Freude daran, das ist das Wichtigste. Ich finde, es ist richtig schick geworden."

... seinen 80. Geburtstag:
„Ich habe meinen 80. Geburtstag mit neun Leuten gefeiert, mehr ging ja leider nicht. Und entweder feiere ich richtig oder eben im kleinsten Kreis."

... die Anfänge seiner einzigartigen Karriere:
„Ich bin ein Tönninger Junge, und als es um die Frage ging, was ich nach der Schule machen sollte, sagte meine Mutter: Du lernst Maurer. Mein Opa hatte ein Baugeschäft, das ich irgendwann übernehmen sollte. Also habe ich Maurer gelernt, und eines Tages hat mich mein Opa nach Sylt geschickt, weil da Murks gebaut worden war. Ich sollte mal nach dem Rechten gucken und weiß noch, wie ich zu meinem Opa damals sagte: Was soll ich auf der Prominenteninsel? Ich bin trotzdem nach Sylt gefahren, wo ich mir nach Feierabend meine Krabben zum Selbstpulen bei den Fischern am Hafen geholt habe. Dort hörte ich, wie Touristen die Fischer fragten, ob sie auch Aale hätten, und die Fischer sagten: „Nö, wir haben nur Krabben." Das hat mich auf die Idee gebracht, selbst Aale zu verkaufen. Ich habe mir einen Korb für 16 D-Mark angeschafft, meine erste Investition als Unternehmer, die ich schon nach dem ersten Tag wieder raushatte. Also war ich von Anfang an schuldenfrei ... Irgendwann habe ich dann mit meinem Opa gesprochen und ihm gesagt, dass ich kein Maurer, sondern ein Handelsmann bin. Er hat mich aus dem Unternehmen gelassen, und ich

habe eine kleine Bude in List gekauft, in der ich Aale, Salate und Räucherfisch verkaufen durfte. Nach und nach habe ich dann angebaut, mal mit Genehmigung, mal ohne, wie das eben so ist. Das war eine schöne Zeit, da zählte noch ein Handschlag und dass man seine Arbeit ordentlich machte."

... der Gosch-Umsatz auf Sylt im Vergleich zum Festland:
„Wir machen mit den elf Läden auf Sylt etwa so viel Umsatz wie mit den Geschäften auf dem Festland, obwohl das doppelt so viele sind."

... die Corona-Zeit:
„Man muss dem Staat jetzt auch mal Danke sagen. Man schimpft ja gern auf den Staat, ich fand auch immer, dass wir zu viel Steuern zahlen müssen. Aber jetzt weiß ich auch, warum. Der Staat hat uns allen über diese schwere Zeit geholfen und viele Firmen gerettet, nur keiner spricht das aus. Ich habe mein Geld zwar noch nicht bekommen, aber man hat es mir zugesichert. Grundsätzlich gilt, dass man als Kaufmann mit allem rechnen muss, und wenn man das nicht tut, wenn man keine Rücklagen bildet, ist man kein richtiger Kaufmann. Ich selbst habe mir nie existenzielle Sorgen gemacht oder wirtschaftliche Panik bekommen, weil ich nur investiere, wenn ich das Geld dafür verdient habe."

... Mitarbeiter:
„Ich lege sehr viel Wert darauf, dass meine Mitarbeiter ordentliche Wohnungen haben. Wir stecken die nicht mit zwei, drei Leuten in ein Zimmer rein, das wäre furchtbar. Ich suche und baue Wohnungen für meine Mitarbeiter, damit die sich wohlfühlen. Anders kann man auf Sylt auch kein Personal bekommen."

... das Pier 67:
„Die Idee für dieses neue Restaurant war, dass es dort nur Fleisch und Burger gibt, weil viele Gäste mir gesagt haben, dass sie Fisch nicht so gern mögen. Deshalb dachte ich, dass man denen ein eigenes Angebot machen sollte. Aber es geht nicht, am Ende kannst du am Hafen kein Restaurant eröffnen, in dem auf der Speisekarte überhaupt kein Fisch steht. Also gibt es im Pier 67 jetzt auch Fisch."

... die vielen Touristen in den Sommermonaten:

Von oben: Das Gosch-Restaurant in List auf Sylt von außen und von innen. Schlagersänger Heino beim Gosch-Besuch 2015 und Jürgen Gosch 2008 mit dem damaligen Ministerpräsidenten des Landes Schleswig-Holstein, Peter Harry Carstensen (r.).
Fotos: imago (3), Andreas Laible

„Ich finde nicht, dass die Insel voller war als sonst. Es sind viele Stammgäste im Sommer weggeblieben, und ich hoffe, dass die im Herbst nach Sylt kommen. Wir hatten in diesem Sommer viele Neulinge hier, die wegen Corona nicht auf ihre bisherigen Lieblingsinsel, zum Beispiel Kreta oder Mallorca, fliegen wollten. Und mein Gefühl war, dass es vielen Stammgästen, vor allem jenen, die hier Eigentum haben, etwas zu rumpelig war. Ich glaube, die kommen im Herbst wieder."

... Urlaub auf Sylt:
„Die Diskussion über den Tourismus auf Sylt gibt es seit hundert Jahren. Wenn die Touristen da sind, wird gemeckert, dass es zu viele sind, wenn sie ausbleiben, wird gestöhnt, dass wir sie doch brauchen. Die Insel hat nur eine Einnahmequelle, und das ist der Tourismus. Wir leben doch alle gut von den Gästen, und wenn es mal sechs Wochen zu voll ist, dann soll man den Mund halten und alles mitnehmen. Schließlich haben wir auch relativ schwache Monate. Wer die Insel in Ruhe genießen will, kommt einfach von Oktober bis März. Und: Bei gutem Wetter ist die Insel auch im Sommer nie zu voll, weil dann alle Gäste am Strand sind und sich dort problemlos verteilen. Nur bei Regenwetter wird es voll, weil sich alle auf der Friedrichstraße treffen und es auf den Straßen nach Westerland eng wird."

... Urlaub von Sylt:
„Ich mache gern Urlaub, schließlich kann ich nicht die ganze Zeit nur auf diesem Sandknust sein. Ich habe Fernweh, ich war am Süd- und am Nordpol, und mit meinem Sohn Björn, der Meeresbiologe ist und in Australien lebt, habe ich Messungen auf Grönland gemacht."

... die Gosch-Filialen in Westerland:
„Die betreibt meine Tochter, und deshalb mische ich mich da nicht mehr ein, bin auch nicht mehr dort. Man muss seine Kinder laufen und machen lassen, anders hat man bei einer Übergabe keine Chance. Das habe ich gelernt, auch gefühlsmäßig. Außerdem sehe ich die Umsätze, die in Westerland gemacht werden, und da bin ich ganz zufrieden."

... seinen Arbeitstag:
„Bei mir beginnt der Tag gegen 7.30 Uhr. Zwischen 9.30 und 10 Uhr telefoniere ich mit meiner Produktionsstätte, wir kau-

fen zusammen den Fisch ein, da lasse ich keinen anderen ran. Ich gehe davon aus, dass ich davon nach 56 Jahren ein wenig Ahnung habe. Ab 10.30 Uhr bin ich dann in meinem Betrieb in List und bleibe so elf bis zwölf Stunden, je nach Laune. Ich spüre und sehe die Arbeit nicht, für mich ist das eine Aufgabe, ich gucke auch nicht auf die Uhr. Es ist doch großartig, wenn man arbeiten darf und nicht spürt, dass die Zeit läuft."

... das neue List, in dem viel gebaut und investiert wird:
„Ich habe Respekt vor unserem Bürgermeister. Als ich hier angefangen habe, war List nichts, ein hässliches Dorf. Da musste etwas passieren. Und jetzt passiert was, worüber sich ja auch einige aufregen. Man sollte die großen Baustellen zu Ende bringen, und dann ist gut."

... die Gier eines Unternehmers:
„Keiner spricht das aus, aber ein richtiger Unternehmer muss gierig sein. Du musst Blut auf den Zähnen haben, du musst beißen können. Für mich ist jeder ein Konkurrent, ob ich ihn nun mag oder nicht, da muss man sich nichts vormachen. Wobei ich natürlich weiß, dass ich die Insel nicht für mich allein haben kann."

... Geld:
„Wenn man erst einmal etwas Geld verdient hat, wird es als Motiv nicht mehr so wichtig. Was mir wichtig ist, ist das Image von Gosch, davon will ich nichts verlieren. Das wieder aufzubauen wäre sehr schwer. Wir müssen immer aufpassen, wir müssen auch immer Puffer haben für den Fall, dass mal etwas Schlimmes passiert."

... neue Pläne:
„Ich habe viele Ideen in meinem Kopf, die in den vergangenen Jahrzehnten zu kurz gekommen sind, weil ich unter Stress war, nur unter Stress. Das war nicht die Schuld von anderen, das war mein Problem, weil ich mich selbst unter Stress gesetzt habe. Inzwischen habe ich mich davon etwas gelöst, das hat vielleicht auch mit dem Alter zu tun. Jetzt habe ich den Kopf frei und möchte deshalb mit einem Koch neue Fischgerichte entwickeln, etwas, was keiner hat. Was es im Moment gibt, wird mir zu langweilig. Man kann viel machen, man muss das nur richtig machen. Und abschmecken kann ich immer noch am besten in der Firma."

Der Podcast: ab 12.10. unter abendblatt.de/podcast

KOMERO – exquisite Designermode in Keitum

KO ME RO
FASHION & INTERIOR
PRIVATE STYLE

Exklusive Damenmode, Accessoires und Interior mit Wow-Faktor ausgesuchter internationaler und nationaler Designer: Willkommen bei Komero. Im »Stutenhof« im Gurtstig 25 in Keitum kommen in erster Linie zwei starke Avantgarde-Marken zusammen: Die feminine und zeitlose Marke Annette Görtz sowie die eigene finnische Designermarke Karvinen. Der Multibrand-Store präsentiert die neue Herbst-/Winterkollektion von Annette Görtz, die zeitlos, natürlich, auf ausdrucksstarke klare Linien, Materialexperimente und das Zusammenwirken von Mode und Kunst konzentriert ist.

Auch die neue Saison ist von klaren Schnitten und unaufdringlichen Farben, den Markenzeichen des Labels, geprägt. Daneben sind die modernen und glamourösen Keramiken des amerikanischen Designers Jonathan Adler eingetroffen. Mit seinem Happy-Chic-Stil nimmt er dem Einrichten den Stress und gibt ihm stattdessen Spaß, Selbstironie und Leichtigkeit. Von Anfang an vereinen seine Objekte verschiedene Einflüsse: Keramikarbeiten aus der Römerzeit, Ikonen der amerikanischen Pop-Kultur, zeitgenössische Kunst oder auch anfängliche Einflüsse der Hip-Hop-Kultur.

Als eines der führenden Unternehmen für finnisches Textildesign ist Karvinen bekannt für einen ausgefallenen skandinavischen, grafischen Stil. Dieser passt mit starken und lebendigen nordischen Farben und lässigen, aber fein verarbeiteten Schnitten zu jeder Frau. Karvinen steht für lebensfreudige, selbstständige und modebewusste Frauen, die selbstsicher ihren Weg im Leben verfolgen. Die Mode von Karvinen unterstreicht ihre Persönlichkeit.

Die Marke wurde schon in den 60er Jahren von Annikki Karvinen gegründet. In einer kleinen lokalen Weberwerkstatt in Finnland entstanden schon damals aus den selbst gestalteten und handgewebten Stoffen einzigartige Modekreationen. Der lebendige nordische Stil und die hochwertigen selbst produzierten Materialien machten Karvinen international schnell bekannt. Kati Karvinen, Tochter der Gründerin, führt die Marke seit 2008 in ihrer Tradition und mit dem einzigartigen Stil weiter. Dabei versteht sie es, die Marke mit frischen und modernen Looks gekonnt weiterzuentwickeln. Entdecken Sie die Mode von Karvinen bei uns auf Sylt oder bei Karvinen, Neuer Wall am Fleet, in Hamburg.

KOMERO
Stutenhof/Gurtstig 25
25980 Keitum auf Sylt
T +49 4651 31583

ÖFFNUNGSZEITEN
Montag–Samstag
10.30–18.30 Uhr
Sonntag 11–17 Uhr

Kommen Sie uns besuchen – wir freuen uns auf Sie!

„Die Existenzangst bleibt, die kriegst du nicht raus"

Herbert Seckler, Gründer und Chef der legendären Sansibar über Schickimicki-Reiche, Katzen und Makrelen – und das Glück, auf Sylt zu leben

TEXT: LARS HAIDER

Herbert Seckler zog 1974 aus Schwaben nach Sylt, arbeitete zunächst in Westerland und kaufte dann den damaligen Kiosk am FKK-Strand Sansibar. Aus dem Kiosk wurde ein legendäres Restaurant. Foto: Andreas Laible

D ie Sansibar auf Sylt macht heute an einem schlechten (!) Tag so viel Umsatz, wie Herbert Seckler in seinem gesamten ersten Jahr als Unternehmer gemacht hat – und trotzdem steht der Chef manchmal nachts auf und checkt seinen Kontostand. In der Reihe „Entscheider treffen Haider" traf Abendblatt-Chefredakteur Lars Haider Seckler in seinem legendären Weinkeller in den Dünen und führte ein Gespräch mit vielen Überraschungen: Es geht um Schickimicki-Reiche, um Katzen und Makrelen, um Rieslinge, die gut und geschäftsschädigend zugleich sein können – und um das Glück, auf Sylt zu leben. Das komplette Gespräch hören Sie unter www.abendblatt.de/entscheider.

Das sagt Herbert Seckler über …

… die Regel, dass man ihn auf dem Handy nicht vor 12 Uhr anrufen darf:
„Bis 12 Uhr gehöre ich der Familie, ab 12 Uhr arbeite ich. Vorher brauchen wir Ruhe."

… die Corona-Krise:
„Für mich persönlich war die Corona-Krise gar nicht so schlimm. Ich hatte im ersten Lockdown schöne drei Monate. Jeden Tag schien die Sonne, ich saß jeden Tag oben zusammen mit meiner Frau in der Sansibar, keine Menschen, kein Nichts. Das war auch mal ein anderes Erlebnis. Ich mache das hier 43 Jahre und hatte ja nie geschlossen. Mir hat die Arbeit eigentlich nicht gefehlt, ich habe mich da sehr schnell dran gewöhnt und einfach meinen alten Rhythmus beibehalten. Meine Frau und ich sind gegen 12 Uhr gekommen und wieder gegangen, wenn es kalt wurde. Ich will das jetzt alles nicht beschönigen, aber mir hat die Zeit nichts ausgemacht, ganz ehrlich. Ich bin hier oben auf Sylt glücklich, egal, wie es ist. Was die wirtschaftliche Seite angeht: Wenn du mehr als vier Jahrzehnte so einen Laden machst und kannst nicht mal ein paar Monate Lockdown überste-

hen, dann hast du irgendwann mal irgendwo etwas falsch gemacht."

… das Glück, auf Sylt zu sein:
„Man kann fast stündlich beobachten, wie sich Menschen, die nach Sylt kommen, verändern. Sie bringen ihren Alltagsstress mit, aber wenn sie einmal am Strand waren, verschwindet der sehr schnell. Das ist schon toll hier, was die Insel mit einem macht, sie ist großartig. Für mich ist jeder Tag, den ich nicht auf Sylt bin, ein verlorener Tag. Deshalb verlasse ich die Insel auch so gut wie nie mehr. 2020 war ich komplett hier."

… Schwaben und Sylter, Katzen und Makrelen:
„Ich bin Schwabe, und ich bleibe Schwabe, obwohl ich schon lange auf Sylt bin. Und meine Kinder sind auch Schwaben, obwohl sie erzählen, dass sie Sylter sind. Da habe ich eine gute Geschichte: Wenn eine Katze in einem Fischladen Junge bekommt, dann sind das keine Makrelen. Also sind meine Kinder Schwaben. Und auch sonst sind sie wie ich und wollen auf keinen Fall die Insel verlassen. Meine zweitälteste Tochter hat einen Freund aus Österreich, und der wollte, dass sie dort hinzieht, aber das wollte sie nicht. Wenn man am Meer groß geworden ist, das kann man nicht wegwischen."

… sein Start auf Sylt und den Umsatz der Sansibar:
„Ich bin 1974 das erste Mal nach Sylt gekommen und hatte große Erwartungen. Ich kam mit dem Autozug, es war Ebbe, und ich habe gedacht: Das soll das Meer sein? Ich habe damals zunächst im Moby Dick gearbeitet, als Kellner, später in einer Cocktailbar in Westerland, die einem einheimischen Gastronomen gehörte. Als der pleitegegangen ist, habe ich zunächst in Tinnum auf einem Campingplatz weitergemacht, was mir gar nicht gefallen hat. Und dann habe ich die Sansibar kaufen können, für 250.000 D-Mark. Ich war jung und dumm, und dachte, dass ich vier Monate aufmache, Pommes und belegte Brötchen verkaufe, im Winter zum Skifahren gehe, also ein schönes Leben habe. Das war nicht so. Ich habe im ersten Jahr 80.000 D-Mark Umsatz gemacht, das ist heute ein sehr schlechter Tag. Und ich sage jetzt nicht, was heute ein sehr guter Tag in der San-

sibar ist, aber es ist um einiges mehr."

… seine Existenzangst:
„Dass ich im Winter durchschlafen kann, weil ich mir keine wirtschaftlichen Sorgen mache, das ist maximal zehn Jahre her. Mehr als 30 Jahre habe ich jeden Winter geschwitzt, weil ich kein Geld hatte. Ruhig schlafe ich immer noch nicht. Ich stehe manchmal nachts auf und gucke meinen Kontoauszug an. So bin ich. Wir hatten einen Banker, der hieß Lehmann, bei der Commerzbank. Der hat mich morgens um 8 Uhr angerufen, obwohl er wusste, dass ich lange arbeite, und gesagt: „Herr Seckler, da ist eine Überweisung mit 200 D-Mark, die können wir nicht durchlassen." Sie können sich gar nicht vorstellen, was das mit mir gemacht hat. Banker waren für mich Halbgötter, wie Ärzte, so bin ich erzogen worden im Schwabenland. Deshalb stehst du bei so einem Anruf senkrecht im Bett, weil man ein komisches Gefühl hat. Mir war das unangenehm und peinlich. Heute hört sich das alles mit der Sansibar toll an, aber ich bin durch eine komische Zeit gegangen. Die Existenzangst bleibt, die steckt so tief in dir drin, die kriegst du nicht wieder raus.

… Verkaufsangebote:
„Es waren viel zu viele. Ganz früher kamen Interessenten und sagten: „Herr Seckler, wenn Sie verkaufen, bekommen Sie so und so viel." Und als ich zustimmte, wollten sie nur noch die Hälfte geben. Die vergangenen Jahre hätte ich nicht gewusst, was ich mit dem Geld aus einem Verkauf der Sansibar machen sollte. Und so richtig traue ich dem Geld auch nicht mehr …"

… den Vergleich mit Jürgen Gosch:
„Der Gosch ist ein Genie. Der hat unheimlich viel von sich aus Reklame macht. Sein System kann man vervielfältigen. Ich habe mir das auch mal eingebildet, aber das geht mit der Sansibar nicht, das ist unmöglich. Es laufen noch zwei Läden gut, in Stuttgart und in Düsseldorf. Und natürlich das Geschäft im Internet."

… seine Erfolgsstrategie, die keine ist:
„Man muss das Glück haben, dass das, was man selber gut findet, möglichst viele andere Menschen auch gut finden. Mein Erfolg ist ein Stück weit auch Zufall,

Von oben: die Sansibar von außen, Kaiserschmarrn am Nordseestrand, Fußballspieler Günter Netzer 1993 mit Ehefrau Elvira, Tochter Alana und Herbert Seckler vor der Sansibar. Jürgen Klopp, damals Trainer von Borussia Dortmund, feierte 2011 in der Sansibar.
Fotos: picture alliance (2), imago, Syltpicture

ich habe nie eine Strategie gehabt, viel bei mir ist Bauchgefühl. Ich bin ja nicht Jesus-ähnlich, nicht ich entscheide oder ein Weinhändler, sondern nur der Kunde: Wenn die von einem Wein kein zweites Glas bestellen, wird er beim nächsten Mal nicht mehr eingekauft. Wenn die in Gerichten herumstochern, werden sie von der Karte genommen. Sehr simpel."

... seine Mitarbeiter und eine einfache Regel:
„Ich achte sehr darauf, dass die gut drauf sind. Bisher hatten wir das Glück, dass wir unter einer Vielzahl von Menschen auswählen konnten, wen wir nehmen. Das ist im Moment schwieriger. Viele sind in andere Berufe gewechselt, aus der Gastronomie raus. Mein Ratschlag an alle Mitarbeiter ist immer derselbe: Mach die Augen zu und überlege dir, wie du an viel Trinkgeld kommst. Du kannst allem nachgehen, du kannst die Kinder verwöhnen, du kannst machen, was du willst. Denke nur immer daran, wie du möglichst viel Trinkgeld bekommst. Und die Gäste in der Sansibar geben viel Trinkgeld. Ansonsten stehe ich auf Typen als Mitarbeiter, deshalb uniformieren wir auch nicht."

... die Wichtigkeit prominenter Gäste für die Sansibar:
„Wenn sie nett sind, sind sie wichtig. Wenn sie nicht nett sind, können sie auch wieder gehen. Die Leute, die was sind, die sind sehr höflich. Die Schickimicki-Reichen, die gibt es bei uns nicht. Wenn hier einer kommt und macht auf dicke Hose, dann geht er wieder. Wir haben sehr, sehr reiche Gäste, aber die behandeln unsere Mitarbeiter mit Respekt, Anstand und zuvorkommend."

... Weine und Rieslinge:
„Ich finde, dass man bestimmte Marken haben muss. Ich kann sagen, dass ich einen besseren Wein wie Rothschild habe, aber ich muss trotzdem den Rothschild im Angebot führen. Es gibt Tausende Weine auf der Welt, die gut sind, und das gilt auch für Deutschland. Heute ist es gar nicht so leicht, einen schlechten deutschen Wein zu finden, früher musste man gute suchen. Deutsche Rieslinge spielen weltweit in der Champions League, aber in der Gastronomie sind sie schwierig zu verkaufen, zumindest bei mir in der Sansibar. Ein Riesling ist sehr kräftig, und er hat Zucker, wenn ein Gast den bestellt, kauft er kein Dessert mehr. Von einem Weißburgunder oder Grauburgunder trinkt man drei Flaschen, von einem Riesling nur eine.

... die legendäre Sansibar-Currywurst:
„Unsere Currywurst verbinden viele Menschen mit der Sansibar, weil es sie bei Air Berlin gab und weil sie wirklich sehr gut ist. Es war eine andere Fluggesellschaft da, die sie auf ihre Speisekarte nehmen wollte, aber ich bin im Moment nicht sehr erpicht drauf.

... vegetarische Speisen und Gäste:
„Wir haben viel gemacht mit vegetarischen Speisen, wir haben viel probiert. Aber es gibt vielleicht zwei Gäste am Tag, die sagen: Oh, wie toll, Sie haben etwas Vegetarisches. Eine vegetarische Currywurst wird es deshalb nicht geben."

... den Tourismus auf Sylt:
„Als ich 1974 gekommen bin, gab es die Diskussion über den Tourismus auf Sylt schon. Die Insel lebt zu hundert Prozent vom Tourismus. Das muss den Menschen hier klar sein. Ich weiß nicht, was die da reden, ich habe das nie kapiert. Was stimmt, ist, dass die Insel nach Corona so voll ist wie nie zuvor. Es läuft besser denn je, die Hotels sind ausgebucht, und, und, und. Aber lass Corona vorbei sein, dann werden viele wieder nach Spanien, Österreich und anderswohin in den Urlaub reisen."

... die Immobilienpreise auf Sylt:
„Sylt war immer teuer, und jedes Jahr wird das mehr. Viele haben Angst um ihr Geld und kaufen jetzt um jeden Preis Immobilien. Man kriegt ja kaum noch was gekauft hier oben, es gibt nichts mehr."

... seine Kinder als Nachfolger:
„Meine Kinder sind noch ein bisschen zu jung, um den Laden allein zu machen. Ich bin da reingewachsen, Jahr für Jahr, learning by doing. Das ist schon eine andere Aufgabe für meine Kinder, die einen Laden übernehmen, der an schlechten Tagen so viel Umsatz macht wie ich im ersten Jahr. Meine Existenzangst hat mich immer angetrieben, das ist für Kinder, die nie Not gelitten haben, schwer zu verstehen, ganz schwer zu verstehen."

Der Podcast: ab 5.10. unter abendblatt.de/podcast

DB

Alternativlos gut –
der rote Sylt Shuttle!

___

Kommen Sie mit uns schnell und entspannt auf die Insel.

Vertrauen Sie auf unsere jahrzehntelange Erfahrung. Wir bieten Ihnen die höchste Stellplatzkapazität und eine garantierte Vorwärtsbeförderung auf unseren Doppelstockeinheiten.

Mit fast 13.000 Fahrten im Jahr sind wir für Sie von frühmorgens bis spätabends ein zuverlässiger, sicherer und schneller Dienstleister. Wir freuen uns auf Sie!

Stellplatz auf dem Zug reservieren und bequem einchecken – mit dem Online- und Mobile-Ticket.

Informationen und Buchung für Online-Tickets unter bahn.de/syltshuttle

 Jetzt die Sylt Shuttle-App kostenlos im Apple Store oder Google Play Store downloaden.

Sylt Shuttle

Entdecken Sie
Keitum

Grün, bodenständig, stilvoll: So beschreiben Einheimische und Zugezogene ihren Ort. Wir haben uns auf einen kleinen Spaziergang durch den Kapitänsort begeben. Folgen Sie uns!

TEXT: KAJA WEBER   FOTOS: MICHAEL RAUHE

Sylts andere Seite: Keitum lädt auch zu entspannten Spaziergängen am Watt ein.

Man hört in dem alten Kapitänsort den Wind durch Linden und Kastanienbäume und die Wellen an das Ufer rauschen. Der vereinzelte hupende Autofahrer, der nicht am anderen vorbeikommt, oder die Stimmen der Familien, die am Watt entlangschlendern, verklingen darin. In der Stille gibt es viel zu entdecken. Folgen Sie uns auf unserem kleinen Spaziergang durch Keitum.

Das Altfriesische Haus seit 1640

Das Altfriesische Haus am Keitumer Watt ist einer der vier Standorte der Sölring Museen. Seit Jahrhunderten hält das Gebäude Wind und Wetter stand. Nur noch selten lassen sich historische Sylter Kapitänshäuser wie dieses von innen betrachten. Das Haus in seinem jetzigen Zustand steht seit 1739 auf der Anhöhe am Strand mit freier Sicht aufs Meer, seinen Vorgängerbau gab es schon 1640. Seit 1906 wird es als Museum betrieben, um Interessierten die Lebensformen des 17. bis 18. Jahrhunderts auf der Insel näherzubringen. Etwa 20.000 Besucher gibt es im Altfriesischen Haus in Nicht-Corona-Zeiten.

In der Ausstellung zeige sich vor allem, welchen Unterschied Elektrizität, Wärme- und Energiequellen heute für unser Leben ausmachen, erklärt Museumsleiter Alexander Römer.

Draußen ist es hell, drinnen eher duster. Damals wurden nur Wohnraum und Küche mit Öfen beheizt. Dass es nur wenige Feuerquellen gab, minimierte auch die Brandgefahr. „Wenn man hier hereintritt, in dieses romantisch-historische Häuschen und denkt: „Ist das gemütlich", muss man auch ganz genau hinschauen", sagt Römer. „Im Winter ohne Heizung zieht der eisige Ostwind rein, da gab es auch Eisblumen am Fenster – von innen, nicht von außen."

Warme Füße, kalte Ohren – so etwa muss es den Bewohnern beim Essen damals also ergangen sein, wenn sie nur einen kleinen Pott mit Feuer unter dem Tisch stehen hatten. Fliesen dienten damals als Wandschmuck und Wärmespeicher zugleich: Sie wärmten nach innen,

Oben: Elizabeth und Jens Nielsen in ihrem gleichnamigen Kaffeegarten – in dem es leckeren Kuchen gibt. Unten: Die Hamburger Designerin Kati Karvinen in ihrem Keitumer Laden.

nach außen hielten sie auch Feuchtigkeit ab. In dem Gebäude mit etwas über zwei Metern Deckenhöhe finden sich auch Vorläufer von Gegenständen, die man heute nutzt: Messingknäufe etwa, die schnell Wärme aufnehmen und lange als Handwärmer wieder abgaben – statt den heute üblichen, chemischen Knickpacks.

In der Küche des alten Hauses zeigt sich, woher das Sprichwort „Einen Zahn zulegen" kommt: Der Kessel über dem Feuer wurde an Zähnen auf einem Haken näher oder weiter weg gehängt, um so das Wasser mehr oder weniger schnell zum Kochen zu bringen.

Sylter Meeresgärtnerei

Die Sylter Meeresgärtnerei ist auf Initiative des Berliner Landschaftsgärtners Andreas Frädrich entstanden, der ein ambitioniertes Ziel hat: ökologische, nachhaltige Produkte, die lokal angebaut und aus dem Hofladen im Alten Bahnhof Keitum verkauft werden sollen. Erst im vergangenen Jahr eröffnete die Meeresgärtnerei, sie zählt aktuell drei Mitarbeiter.

Das Watt liegt nur 200 Meter Luftlinie weg von der Gärtnerei. „Diesen Naturraum ahme ich hier nach mit dem Angebot an Nutzpflanzen. Dafür brauche ich auch diese Nähe", sagt der Gründer. Unkonventionelle Ideen sind ihm nicht fremd, er hat schon als Pferdewirt, in Ministerien und im Ausland gearbeitet. Mit vielen verspielten Details wie großen Wassertanks im Eingangsbereich, von Hand beschrifteten Holzschildern in den Gärten und dem „Sylt-O-Mat", in dem man sich um die Ecke auch kontaktlos selbst gemachte Marmelade kaufen kann, versprüht der Laden eine kreative

Hier finden Sie unsere Stationen: 1. Sylter Meeresgärtnerei, 2. Friedhof St. Severin, 3. Nielsens Kaffeegarten, 4. das Altfriesische Haus, 5. die Boutique Komero (alle Adressen ab Seite 104)

Atmosphäre. Besonders ungewöhnlich: Frädrich will in Keitum „Sylter Zitronen" anbauen und dafür das Klima der Insel nutzen.

„Das ist alles ein Experiment. Wir haben auch Rückschläge", sagt er. „Zitronen sind ein schwieriges Geschäft." Im vergangenen Jahr lief es gut an, dieses Jahr konnte er aber nur 30 Prozent seiner gelben Früchte selbst ernten. Die restlichen 70 Prozent kauft er von einer Plantage auf Mallorca zu.

Bei anderen Produkten, die Frädrich zukauft, achtet er auf den lokalen Bezug: Kartoffeln aus Morsum, Kaffee aus Rantum. „Die Botschaft ist: nicht nur über Nachhaltigkeit und regionale Angebote zu sprechen, sondern auch fantasievoll an Landwirtschaftliches heranzugehen."

Bis Anfang Oktober ist die Meeresgärtnerei als Hofladen geöffnet, dann wird eine Herbstpause bis November gemacht. Im Winter disponiert er um – und betreibt einen Weihnachtsbaumverleih. Im Mai geht es wieder los mit der Meeresgärtnerei.

Nielsens Kaffeegarten

Ein etwas traditionelleres Programm gibt es in Nielsens Kaffeegarten, bereits in vierter Generation geführt von Elizabeth und Jens Nielsen. Auf ihrer Außenterrasse mit Blick aufs Wattenmeer hört man das Klappern von Tee- und Kaffeetassen, innen hängen Bilder der Vorfahren an der Wand neben der Dehoga-Urkunde zum 100-jährigen Bestehen vor zwei Jahren. Friesentorte, Zitronen Omelett, Frie-

---

Keitum

wurde im Jahr 1216 erstmals urkundlich erwähnt und galt bis Mitte des 19. Jahrhunderts als Hauptort der Insel Sylt. Im 17. und 18. Jahrhundert zogen wohlhabende Kapitäne hier hin, wodurch der Ort Wohlstand erlangte. Wegen seines Baumbestandes gilt Keitum als der grüne Ort der Insel. Bekannter Sohn der Stadt: Boy Lornsen (1922–1995), Autor des Kinderbuches „Robbi, Tobbi und das Fliewatüüt" wurde hier geboren. Keitum hat heute knapp 2100 Einwohner.

Andreas Frädrich vor seiner
Sylter Meeresgärtnerei.

senkekse – diese traditionellen Produkte wollte das Paar beibehalten, den Eltern zu Ehren. Aber andere Gerichte haben sie geändert, karibische Einflüsse aus Elizabeth Nielsens Heimat eingebaut. Besonders groß ist das Tortensortiment mit mehr als 50 Sorten.

„Früher gab es Rundstücke, Mohn, Sesam und einen Kieler. Heute haben wir mehr als 30 Sorten Brötchen", sagt Jens Nielsen weiter. Aber für den Familienbetrieb haben sich auch andere Bereiche verändert: „Dazu kommt, dass die Insel um die Jahrhundertwende lange nicht so frequentiert wurde wie jetzt. Die Reiselust der Deutschen ist auch gestiegen. Das kommt uns zugute, aber es ist auch viel Arbeit."

Trotzdem ist sein Beruf in der Backstube für Jens Nielsen weiter Berufung statt nur Beruf. Schon als kleiner Junge stand er auf einer Holzkiste neben dem Vater am Arbeitstisch und hat ein

Stück Mürbeteig geknetet. Ähnlich ging es nun seiner Tochter Ophelia, die gerade eine Lehre als Konditorin macht und das Geschäft in die fünfte Generation führen will. Die Nielsens haben auch internationale Fans: Ein Gast aus Hongkong hat sich sogar mal Kekse von ihnen schicken lassen, obwohl die Versandkosten teurer waren als die Ware selber.

Friedhof St. Severin

Wer noch mehr über Sylts Persönlichkeiten erfahren möchte, sollte den Friedhof St. Severin besuchen. Hier gibt es etwa 1400 Gräber. Seit 650 Jahren finden hier Beisetzungen statt. Zwischen den Insulanern liegen bekannte Menschen wie der „Spiegel"-Gründer Rudolf Augstein und Verleger Peter Suhrkamp. Daneben stehen historische Kapitänsgrabsteine, teilweise bist zu 2,30 Meter hoch, aus dem 16. Jahrhundert, auf denen ganze Lebensgeschichten eingemeißelt wurden. „Stei-

ne waren damals schon teuer. Auf den kleinen stehen nur die Initialen und das Sterbedatum", sagt Friedhofsverwalter Lorenz Petersen.

„Wir kennen hier jeden alten Keitumer", sagt Petersen weiter. Aber nicht nur Einheimische liegen hier, fast die Hälfte der Bestatteten kommt inzwischen nicht mehr von Sylt, sondern vom Festland. Die meisten Auswärtigen, die sich bestatten lassen, sind Hamburger, die sich das genaue Grab schon selbst aussuchen. Petersen: „Ich habe schon öfter gehört, dass die Menschen gerne hier eine Grabstätte haben, wo die ganze Familie im Urlaub hinkommt."

Eine Frau habe das Grab zum 50. Geburtstag geschenkt bekommen, oft seien es aber Rentner, die selbst kommen. „Da sind die Kinder auch nicht immer mit einverstanden. Mit dem Gedanken, dass die Eltern sich schon ein Grab aussuchen", sagt der Friedhofsverwalter. „Ich habe es auch schon erlebt, dass einige dann einfach zu ihren Kindern gesagt haben: Wir haben uns ein Grundstück auf Sylt mit Wattblick auf Sylt gekauft. Das war dann in Ordnung. Wenn sie es dann erledigt haben, sind die Menschen aber oft ganz froh. Man nimmt den Angehörigen damit auch eine Last." An Tagen mit gutem Wetter kommen mehrere Hundert Gäste auf den Friedhof.

Boutique Komero

Keitum dient der Hamburger Designerin Kati Karvinen als Inspiration. Bereits vor 25 Jahren haben ihre Eltern die Boutique Komero eröffnet. „Ich habe mich sofort in den Ort, den historischen Ortskern und das Haus von 1800 mit dem Reetdach verliebt", sagt sie. „Keitum ist entspannt, stilvoll, nicht so abgehoben wie Kampen. Man spürt noch das alte Sylt, auch wenn sich der Ort mit der Zeit ebenfalls verändert hat. Aber nach 18 Uhr ist es verschlafen und ruhig." In ihrem Laden verkauft sie Textilien in grafischem Stil für Frauen. Die Kundinnen kommen aus ganz Deutschland: „Es kommt alles zusammen, auch unterschiedliche Geschmäcker. Da bekommt man einen guten Überblick, was Kunden wollen und schätzen. Die besten Kunden sind aus Nordrhein-Westfalen und Bayern."

Friedhofsverwalter Lorenz Petersen (oben) vor Kapitänsgrabsteinen. Unten: das Museum im alten Kapitänshaus.

Urlaub im Mobilheim: Tina Wolf, Eckhard Walendy, Ines Zwiers mit Julian und Daniel Wolf

Sylt kann auch klein

Von Tiny Houses am Dünenrand und Syltern, die im Schrebergarten Urlaub von den Urlaubern machen

TEXT: JAN-ERIC LINDNER FOTOS: MICHAEL RAUHE

L ange bevor der Begriff „Tiny House" in aller Munde und das Leben auf kleinem Raum zum Traum gestresster Großstädter geworden war, machte „Deutschlands teuerstes Haus" bundesweit Schlagzeilen: Für 6,3 Millionen Euro bot ein Makler das „Wattküken" an, ein 30 Quadratmeter kleines Reetdachdomizil in den Kampener Dünen. Das „Wattküken" dürfte lange neue Besitzer gefunden haben. Das Leben und Urlauben auf kleinem Raum hat seitdem auch auf Sylt viele Freunde gefunden.

Besonders schön geht das – für Urlauber – auf dem idyllischen Campingplatz Mühlenhof in Morsum. Zehn Mobilheime hat Platzchef Christian Jürgensen dort im vergangenen Jahr in Reih und Glied am Feldrand aufstellen lassen. Die Häuschen mit Veranda und Terrasse haben mit 40 Quadratmetern sogar ein etwas größeres Innenmaß als das alte, zugegebenermaßen einsamer gelegene „Wattküken", sind aber schon zu – für Sylter Verhältnisse – günstigen Preisen zwischen 100 und 155 Euro pro Tag zu mieten.

In der Hauptsaison beträgt die Mindestmietdauer sieben Tage. In der Nebensaison sind es vier. Wobei man es mit bis zu vier Personen auch problemlos wochenlang in den „Mobile Homes" aushalten könnte. Die mit nordischen Vornamen versehenen, hölzern umbauten Domizile haben zwei Schlafzimmer. Im Wohnzimmer lässt sich das Sofa sogar noch zum Schlafplatz verwandeln. Für Unterhaltung sorgt ein Bluetooth-Soundsystem, zur Freude der Kleinen sind zwei TV-Geräte an die Wände geschraubt. Auf der Sonnenterrasse stehen Loungemöbel. Die Küche ist, gemessen an ihrer kompakten Größe, mit Geschirrspüler, Kaffeemaschine und einem Toaster bestens ausgestattet.

Gerade bringen zwei Schwestern Einkaufstüten in „ihr" Mobile Home: Ines Zwiers aus Münster und Tina Wolf aus München – sie hat ihre Söhne Julian (10) und Daniel (5) mitgebracht – besuchen ihren Onkel Eckhard Walendy, der auf dem Mühlenhof Dauercamper im eigenen Wohnwagen ist. „Total gemütlich" findet Julian das Urlaubsdomizil: „Hier kann ich wenigstens am Abend mal meine Privatsphäre haben", sagt der Zehnjährige. Tina Wolf und Ines Zwiers bieten die Unterkünfte alles, was man im Urlaub braucht: „Es ist genug Platz da. Das eigene Badezimmer ist natürlich super. Die Kinder und wir sind sowieso immer draußen, wenn wir auf Sylt sind", sagen sie. „Hier können die Jungs einfach rauslaufen. Das geht in einer kleinen Ferienwohnung ja einfach nicht." Für Platzchef Christian Jürgensen sind die Mobile Homes der perfekte

Karen Lödige ist Vorsitzende des Kleingärtnervereins Wenningstedt-Braderup

Oben: Der Kleingärtnerverein ist Insulanern vorbehalten.

Unten: Die Mobilheime auf dem Campingplatz Mühlenhof sind 40 Quadratmeter groß

Kompromiss zwischen der Freiheit des Campens und dem Komfort einer festen Unterkunft: „Du bist immer in der Natur – auch wenn du keinen eigenen Wohnwagen und kein Wohnmobil hast." Jürgensen hatte die Corona-Zeit genutzt, um die kleine Siedlung zu bauen. Demnächst steht noch mehr Neues an: Christian Jürgensen verwirklicht seinen Traum von einem Schwimmteich. Im kommenden Sommer wird er nutzbar sein. „Wir sind nicht die einzigen Anbieter auf Sylt", sagt

Christian Jürgensen. Auch auf dem immer weiter gewachsenen Campingplatz auf Sylt gibt es schon seit einigen Jahren zehn Mobile Homes in unmittelbarer Strandnähe. Die Optik hier ist allerdings eher gewöhnungsbedürftig. Ansprechender: die kleinen Unterkünfte auf dem Campingplatz Rantum. Sie gibt es in zwei Größen. Klitzeklein für zwei Personen und klassisch klein für bis zu vier Personen. Vier weitere Mobile Homes sollen im kommenden Jahr zusätzlich entste-

hen. Und die „echten" Sylter? Auch sie haben sich kleine Refugien geschaffen, um dem Touristenstrom von Zeit zu Zeit zu entgehen. Wenn sie sich nicht ohnehin schon verkleinert haben, um das Vermietungspotenzial der eigenen Immobilie auszuschöpfen.

Echte Tiny Houses stehen zum Beispiel an der Landesstraße L 24 zwischen Westerland und Wenningstedt. Hinter hohen Hecken ist dort bereits seit 1947 die – nur Personen mit Erstwohnsitz auf Sylt vorbehaltene – Kleingärtnergemeinschaft Wenningstedt-Braderup beheimatet. Deren Vorsitzende ist die 44 Jahre alte Karen Lödige. Vor sieben Jahren trat

sie das Amt an – obwohl sie damals noch nicht einmal eine eigene Datsche hatte. „Wir haben 34 Parzellen, die 400 bis 500 Quadratmeter groß sind", erzählt Karen Lödige. „Und 16 Familien stehen auf der Warteliste."

Seit Corona sei der Run auf die Hüttchen noch stärker zu merken, sagt die Schrebergärtnerin zwischen Keramikfrosch und illuminiertem Leuchtturm. Das Angebot auf Sylt ist sehr begrenzt. „Wenn die Touristen an den Strand strömen, kommen wir hierher", sagt Karen Lödige.

Es ist wie eine Art Urlaub von den Urlaubern. Die meisten ihrer Mitschre-

ber leben in Wohnungen in Westerland oder Wenningstedt – ohne Garten. Allein in Westerland gibt es weitere drei Kleingartenanlagen, weitere nahe Hörnum und Keitum.

Ganzjähriges Wohnen ist wohlweislich in allen verboten. Zu groß wäre erst recht auf Sylt die Gefahr, dass aus den Freizeitparadiesen Behelfs- oder Saisonheime würden.

Infos:
www.campingplatz-sylt.de (Morsum)
www.duenencamping-westerland.de
www.camping-rantum.de
www.kleingarten-sh.de

Philip Köster ist fünfmaliger Windsurf-Weltmeister in der Disziplin Wave. Mit seinen Eltern lebt er seit seiner Kindheit auf Gran Canaria.
Fotos: picture alliance/dpa

„Das ist einer der schwierigsten Spots überhaupt"

Der fünfmalige Weltmeister Philip Köster über das Windsurfing vor der Nordsee-Insel – und was Anfänger hier beachten sollten

TEXT: MAXIMILIAN BRONNER

An sein erstes Mal auf Sylt erinnert sich Philip Köster noch ganz genau. „Das erste Mal bin ich 2009 auf Sylt gesurft. Da habe ich nicht so großartige Erinnerungen dran. Ich musste im ersten Heat frühmorgens raus, habe es dann aber nicht einmal über die brechenden Wellen hinweg geschafft und wurde über die scharfen Buhnen gezogen", erinnert sich der deutsche Windsurf-Weltmeister. „Ich bin zuerst mit einem zu kleinen Segel rausgefahren. Gegen die starke Strömung hatte ich dann keine Chance." Das Material wurde stark beschädigt, der damals 17 Jahre alte Köster zog sich mehrere Schnittwunden an den Beinen zu. Wahrscheinlich gibt es keine bessere Geschichte, die die Tü-cken der Surfbedingungen vor Sylt besser zusammenfasst.

Köster begann im Alter von acht Jahren in der Surfschule seiner aus Hamburg stammenden Eltern mit dem Windsurfen und ist nach Surf-Legende Robby Naish der zweitjüngste Windsurf-Weltmeister der Geschichte. Aufgewachsen ist er auf Gran Canaria, 100 Meter vom Strand entfernt – und doch findet er für Sylt nur lobende Worte. „Das ist einer der schwierigsten Surf-Spots überhaupt. Das liegt vor allem an den Strömungen. Am Anfang muss man immer rund 100 Meter am Strand zur nächsten Buhne hochrennen, weil einen die Strömung sofort zur Seite wegtreibt", sagt er.

Philip Köster während
eines Wettkampfs
in Aktion.

Wenn der Wind stark auflandig sei, also aus Richtung der Nordsee auf den Strand drücke, müsse man zwischen den Buhnen sehr aufwendig rauskreuzen, erzählt Köster. Dies gelte auch für die Profis des Windsurf World Cups. „Auf Sylt geht man meistens schon einen Heat vorher raus, weil man so aufwendig, bis zu 20 Minuten lang über die Wellen rauskreuzen muss. Danach wartet man 15 bis 20 Minuten von der Regatta Area entfernt auf den Start", sagt Köster.

Zudem wechsele die Windrichtung mitunter sehr schnell. „Man kann in einem Moment auflandigen Wind haben, und im nächsten Moment dreht der Wind zur Seite oder wird ablandig", berichtet der 27-Jährige. Insgesamt könne man vom Strand nur schwer einschätzen, wie die Bedingungen seien. Aber, betont der 1,93 Meter große Köster, der unter der Segelnummer G-44 startet: „Wenn man gute Bedingungen erwischt, kann man das beste Surfen erleben, das man sich vorstellen kann."

Anfängern empfehle er zunächst nicht vor Westerland, sondern an einer ruhigeren Stelle im Norden der Insel zu üben: „Es muss nicht immer Westerland sein." Am Ellenbogen in List gebe es beispielsweise auch eine Surfschule, wo sich Anfänger im Flachwasser ausprobieren können, empfiehlt er. Insbesondere bei Sturm sei die Brandung vor Westerland nicht für Ungeübte zu empfehlen.

„Als Anfänger sollte man nicht sofort in die Wellen gehen. Man braucht die Kontrolle über das Equipment", sagt Köster, der in Deutschland bisher auch auf Fehmarn, am Weißenhäuser Strand und auf Rügen gesurft ist. „Die besten Bedingungen hatte ich aber auf Sylt – obwohl es meistens sehr kalt ist und ich immer viele Neoprenanzüge dabeihabe",

Philip Köster zeigt einen Sprung während des Waveriding-Wettbewerbs beim Windsurf World Cup vor Sylt.

sagt Köster und lacht.

Für Anfänger gelte auf Sylt eine goldene Regel: „Niemals aufgeben", sagt er, „und wenn man zu nah an die Buhne kommt, sollte man sofort wieder rausfahren." Auch die notwendige Geduld könne entscheidend sein. „Wenn man ein großes Wellenset sieht, sollte man lieber ein paar Minuten am Strand warten, um rauszufahren. Da geht es ums Timing, das lernt man aber schnell", weiß Köster.

Eigentlich hätte Philip Köster in diesem Herbst wieder am Strand von Sylt beim Windsurf World Cup als Favorit auf dem Brett gestanden ... Doch nachdem schon 2020 sämtliche World Cups gestrichen werden mussten, erreichte die Sportler und Fans im Sommer auch die Absage für dieses Jahr.

Schon der Saisonauftakt auf Gran Canaria wurde im Frühjahr 2021 wegen anhaltender Corona-Infektionen und Unsicherheiten, was Einreisen, Quarantäne und Mutationen betrifft, abgesagt. Auch Kösters Saisonvorbereitung war kompliziert, normalerweise hätte er Anfang des Jahres in Australien und auf Hawaii trainiert, im Mai war ein Trainingslager auf Mauritius geplant.

„Hawaii ist normalerweise sehr wichtig für mein Training mit Wind von rechts. Man muss Manöver mit Windrichtungen aus beiden Seiten können. Das habe ich dieses Jahr leider nicht geschafft", erklärt Köster, der sich somit nur auf Gran Canaria auf die Saison vorbereiten konnte. „Surfen bringt mir immer noch so viel Spaß, dass ich jeden Tag drei bis fünf Stunden auf dem Wasser bin. Trotzdem ist es ein anderes Training, wenn man keinen Wettkampf vor Augen hat", sagt Köster.

Vita

Philip Köster wurde am 5. März 1994 in Las Palmas de Gran Canaria geboren. Er ist der erste deutsche Windsurf-Weltmeister in der Disziplin Wellenreiten. Nach dem Schulabschluss 2009 startete er seine Karriere als Profiwindsurfer und gewann im selben Jahr den ersten Weltcup. Mit 18 Metern gelang ihm der höchste Sprung der Windsurf-Geschichte. Zwei Jahre später wurde Philip Köster im Alter von 17 Jahren Windsurf-Weltmeister in der Disziplin Waveriding und damit nach Surf-Legende Robby Naish der zweitjüngste Champion. Weitere Weltmeistertitel erreichte Philip Köster 2012, 2015, 2017 und 2019. Im Jahr 2020 wurde Philip Köster Vater einer Tochter.

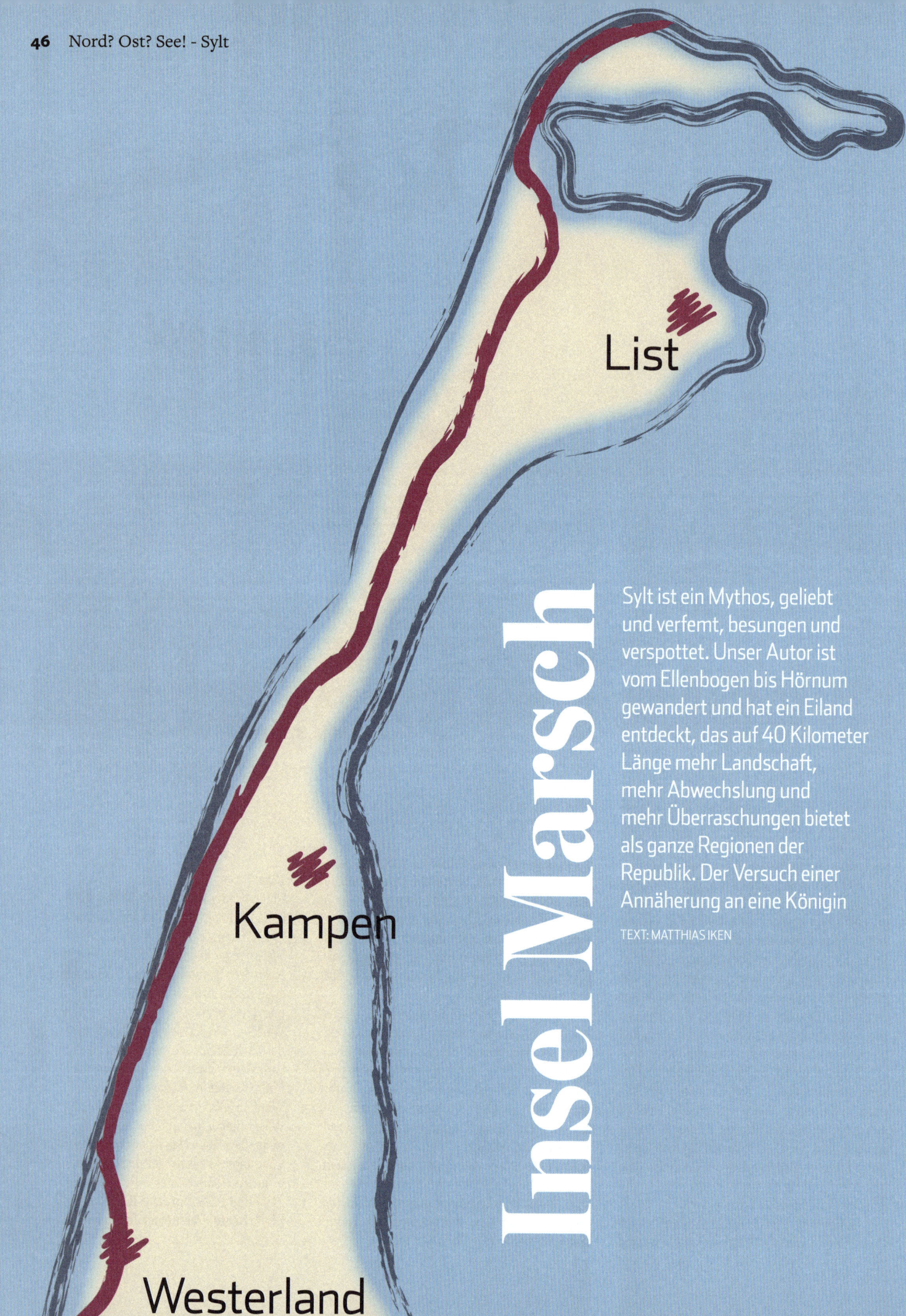

List

Kampen

Westerland

Insel Marsch

Sylt ist ein Mythos, geliebt und verfemt, besungen und verspottet. Unser Autor ist vom Ellenbogen bis Hörnum gewandert und hat ein Eiland entdeckt, das auf 40 Kilometer Länge mehr Landschaft, mehr Abwechslung und mehr Überraschungen bietet als ganze Regionen der Republik. Der Versuch einer Annäherung an eine Königin

TEXT: MATTHIAS IKEN

So muss das Ende der Welt aussehen. Kein Mensch, nirgends. Nur ein Dreiklang aus Sand, Horizont und Meer. Es ist das Ende einer Welt, die Deutschland heißt. Hier fällt die Nordspitze der Insel Sylt weich ins Watt, dahinter liegt Dänemark. Hier beginnt die 45-Kilometer-Wanderung über eine Insel, die stets etwas Besonderes war: Insel des Jetsets, Königin der Nordsee, Sehnsuchtsort. Und die noch immer etwas Besonderes ist.

Schon die Anreise nach Sylt hat etwas Amphibisches. Es ist ein seltsames Gefühl, mit einem Zug ab Altona auf eine Insel zu fahren. Die Nord-Ostsee-Bahn lässt sich aufreizend Zeit, als bedürfe es dreier Stunden, Hektik und Stress der Großstadt hinter sich zu lassen. Der Bummelzug windet sich auf seiner Strecke gen Norden in atemberaubende Höhen, einem Flugzeug gleich, über den Nord-Ostsee-Kanal, um fortan an jeder Milchkanne zu halten. Manche Stationen scheinen für sich allein ins Niemandsland gestellt, sie heißen Lunden oder Langenhorn und klingen nach Nirgendwo. Hinter Klanxbüll grüßt ein letzter Wald von Windrädern, dann löst sich Nordfriesland in Wasser auf. Ich fahre über den Hindenburgdamm, den der Zeitgeist noch nicht politisch korrekt umdeuten konnte, ich verlasse das feste Land und emigriere in das Reich der Sommerfrische. Marsch rechts, links Watt – und plötzlich ist sie da: die Insel.

Meine Wanderung beginnt dort, wo Sylt am schönsten ist: auf dem Ellenbogen. Der Nehrungshaken, der sich im Norden um die Insel legt, gilt als bekanntester „Geheimtipp" der Insel. Hier wachsen die Dünen höher, der Strand wirkt breiter, der Sand weicher, die Brandung rauer. Aufgrund gefährlicher Tiefenströmungen ist das Baden selbst für geübte Schwimmer gefährlich. Vereinzelt warnen Verbotsschilder – sie wirken in dieser verlassenen Welt wie ein ferner Gruß aus der Zivilisation. Wer Ruhe sucht, wird sie hier finden. Wer dem Ursprünglichen nachspürt, wird es hier entdecken. Wer das Unverbaute will, wird es erleben, wird Teil einer besonderen „Ellenbogen-Gesellschaft". Der Ellenbogen ist anders als der Rest der Insel – er hat sich der touristischen Erschließung stets verweigert. Und macht es bis heute sehr geschickt.

Wer die Privatstraße bis zum Ellenbogenberg im Osten befahren möchte, muss zahlen. Kirsten Asmussen sitzt, Hündin Susi auf dem Schoß, in einer kleinen roten Bude und kassiert bei Autofahrern. Schon in der Vorsaison bilden sich vor der Mautstation mitunter kleine Blechschlangen. Doch der Lister Erbengemeinschaft, welcher der Ellenbogen gehört, ist daran nicht gelegen – sie strebt nicht nach Reibach und Rendite, sondern nach Ruhe und Rettung des Idylls. Sie sind Ellenbogen-Schoner. „Wir mögen das nicht so gern, wenn hier viel los ist", sagt die Inselfriesin, die von Föhr stammt. „Wir wollen nicht zu viel Reklame machen." Der Ausverkauf der Insel, der in den 60er-Jahren einsetzte, soll sich hier nicht fortsetzen. Asmussen hat den Wandel auf der Insel erlebt. Zuletzt sei Sylt „bürgerlicher, ein bisschen normaler geworden". Nur manchmal müsse sie sich über Besucher ärgern, deren Hunde Schafe reißen und deren Herrchen die Überreste in den Dünen vergraben. „Das ist hier ein Naturschutzgebiet." Ihr Wunsch, und dabei blickt sie auf die Straße, das Vorland und den Königshafen, ist bescheiden: „Die Leute sollen hier bitte nicht so schnell fahren."

Warum auch? Einen Grund zu hetzen, gibt es nicht. Gen Süden führen mehrere Wege – über List, das ich leider links liegen lassen muss. Über den Strand, an dem die Strandhalle wie ein Außenposten des Tourismus steht. Oder über die alte Inselbahntrasse Richtung Kampen. Es ist die beste Wahl – denn hier präsentiert sich Sylt als eine bizarre Zwischenwelt aus Wüste, Gebirge und Heide.

Die Wanderdünen werden meine Begleiter, mächtige Sandwälle, die sich mehrere Hundert Meter lang am Horizont erstrecken. Ist das noch Deutschland oder schon Marokko? Es ist die Lister Sahara. Während die Heide in

Sylter Impressionen:
Anreise mit dem Autozug der Deutschen Bahn über den Hindenburgdamm, eine Bushaltestelle an den Lister Wanderdünen und Strandkörbe vor Kampen.
Fotos: Matthias Iken (2), dpa/picture alliance

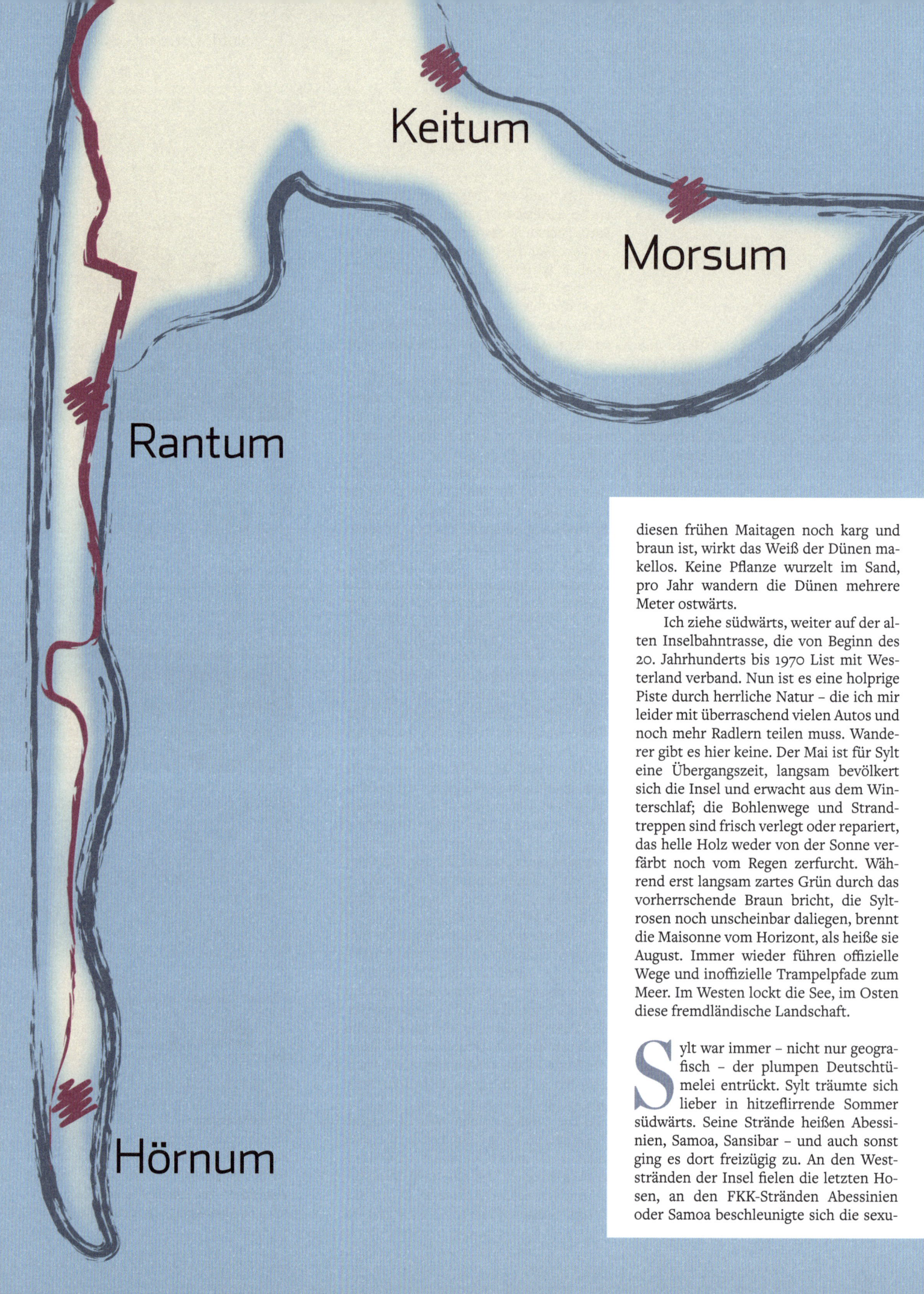

Keitum

Morsum

Rantum

Hörnum

diesen frühen Maitagen noch karg und braun ist, wirkt das Weiß der Dünen makellos. Keine Pflanze wurzelt im Sand, pro Jahr wandern die Dünen mehrere Meter ostwärts.

Ich ziehe südwärts, weiter auf der alten Inselbahntrasse, die von Beginn des 20. Jahrhunderts bis 1970 List mit Westerland verband. Nun ist es eine holprige Piste durch herrliche Natur – die ich mir leider mit überraschend vielen Autos und noch mehr Radlern teilen muss. Wanderer gibt es hier keine. Der Mai ist für Sylt eine Übergangszeit, langsam bevölkert sich die Insel und erwacht aus dem Winterschlaf; die Bohlenwege und Strandtreppen sind frisch verlegt oder repariert, das helle Holz weder von der Sonne verfärbt noch vom Regen zerfurcht. Während erst langsam zartes Grün durch das vorherrschende Braun bricht, die Syltrosen noch unscheinbar daliegen, brennt die Maisonne vom Horizont, als heiße sie August. Immer wieder führen offizielle Wege und inoffizielle Trampelpfade zum Meer. Im Westen lockt die See, im Osten diese fremdländische Landschaft.

Sylt war immer – nicht nur geografisch – der plumpen Deutschtümelei entrückt. Sylt träumte sich lieber in hitzeflirrende Sommer südwärts. Seine Strände heißen Abessinien, Samoa, Sansibar – und auch sonst ging es dort freizügig zu. An den Weststränden der Insel fielen die letzten Hosen, an den FKK-Stränden Abessinien oder Samoa beschleunigte sich die sexu-

elle Revolution der 60er-Jahre. Vom Mythos des heißen Strand- und Lotterlebens an Buhne 16" zehrt Kampen bis heute.

Nach etlichen Kilometern durch die „Sahara des Listlandes" grüßt Westerheide aus der Ferne - die ersten Dächer tauchen am Horizont auf, die Häuser thronen auf Dünen wie auf Warften.

Bis dahin ist es noch ein Stück. Und die Dramaturgie macht die Beine schwerer. Sylt beginnt mit einer rauschhaften Ouvertüre, einem dramatischen ersten Satz und ebbt dann langsam ab, wird ruhiger. Heide, Dünen, Hecken. Dünen, Sträucher, Dünen, Hecken, Schritt für Schritt. Auch das Schöne kann eintönig werden; das Auge verlangt Abwechslung, sonst wird es stumpf. Max Frisch spottete einst über Sylt: „Hin und wieder kippe ich einen Steinhäger bei so viel leerem Himmel."

Ich kippe nicht, ich wandere weiter. Längst habe ich die befestigte Straße verlassen und bewege mich auf einem Fuß- und Fahrradweg fort, viele Räder rollen vorüber. Im Klappholttal stoße ich auf einen Vorposten der Zivilisation. Die „Akademie am Meer" wurde 1919 als Volkshochschule gegründet und ist bis heute eine Mischung aus Landschulheim und Oase, Aussteiger- und Künstlerdorf. Der Treffpunkt der Akademie ist der kleine Kiosk, in dem Süßes, Kaffee und Postkarten verkauft werden. „Die Akademie ist eine eigene Welt", sagt die Verkäuferin aus List. „Hierher kommt eine besondere Klientel, die die Ruhe sucht." Ein Gast, der gerade einen Kaffee kauft, fügt hinzu: „Wer ins Klappholttal kommt, lässt die Zivilisation hinter sich.". Kleine wie schlichte Ein- oder Mehrbetthäuschen ducken sich zwischen den Dünen, der Geist des Wandervogels weht durch das Stranddorf. Der Hamburger Knud Hermann Friedrich Ahlborn hatte das ehemalige Kriegslager 1919 entdeckt und dort bis zu seinem Tode 1977 gewirkt. Bis heute ist man im Klappholttal stolz darauf, „noch keinem Zeitgeist hinterhergelaufen zu sein".

Ich laufe nun Kampen entgegen. An manchen Stellen wagt sich Strandhafer vorwitzig bis zum Weg. Ich bin froh über jeden Tupfer, der das herbstliche Bild aus Besenheide oder Krähenbeere auflockert, dankbar über jede Düne, die der Wind zu

einer Gestalt verweht hat. Hier erkenne ich einen Zuckerhut, dort wähne ich einen schlafenden Riesen. Und in den Ohren rauscht das Meer. Das Meer? Plötzlich sind es zwei Meere. Nach einer Anhöhe wird die Leinwand wieder angeschaltet: Der Blick fällt von einer hohen Düne auf das Watt im Osten und auf das Meer im Westen. Und damit auch die letzten trübsinnigen Gedanken weggepustet werden, weht der Wind dort oben frisch. Es ist ein Postkartenpanorama: Hinter dem Leuchtturm von Kampen rekelt sich das mondäne Dorf in der Sonne, Meer und Himmel wetteifern um das perfekte Blau. Die Häuser gleichen eher roten und weißen Reetdachpalästen. Man kann das aus tiefstem Sozialneid ablehnen, aber schön ist es schon.

Kampen war stets ein Liebling – erst der Künstler, dann des Jetsets. Thomas Mann dichtete in Haus Kliffende: „Nicht Glück oder Unglück, der Tiefgang des Lebens ist es, worauf es ankommt. An diesem erschütternden Meere habe ich tief gelebt."

Mich treibt es zurück zum Meer, am kleinen Leuchtturm vorbei. Der Seewind verweht die Unterschiede der Gäste, in kurzen Hosen sehen alle gleich aus. Ist Kampen ruhiger geworden, in die Jahre gekommen? Eine Sylterin in einem Café am Strand widerspricht: „Es gibt immer noch Partys wie früher, wo der Schampus fließt. Aber Kampen bietet mehr, auch viele Oasen für Ruhesuchende."

Dem Test auf der Whiskeymeile entziehe ich mich und halte vorbei an den Hotels auf die Düne zu, die auf den spektakulär unspektakulären Namen „Uwe" hört. Über mehr als 100 Holzstufen geht es in die Höhe von 52,5 Metern. Bajuwaren mögen über derlei Berge lachen, das Panorama aber ist watzmannartig. In der Abendsonne liegt mir die ganze Insel zu Füßen, im Norden der Ellenbogen, im Süden reicht der Blick bis Hörnum. Die charakteristische Gestalt der Insel, die an Zehntausenden Autos klebt, macht die Uwe-Düne sichtbar.

Von da an ist es nur ein Katzensprung bis zu einem weiteren Charakteristikum Sylts – zum Roten Kliff. Hier trifft der Geestkern, dem die Insel ihr Sein verdankt, direkt auf die See. Hier knabbert der Blanke Hans Meter um Meter, hier

Sylter Impressionen: das Rote Kliff vor Kampen, der Radweg auf der ehemaligen Inselbahnstrecke und eher schmucklose 70er-Jahre-Häuser in Westerland. Fotos: Matthias Iken

Hier ist der Norden. Auf dem urwüchsigen Ellenbogen liegt der nördlichste Punkt der Republik.
Foto: Matthias Iken

spült der nordfriesische Regen Kilo um Kilo ins Meer. Das permanente Schöpfen und Vergehen macht das Kliff in der Abendsonne zu einem mystischen Ort. Einige sind auf dem Pfad, der südwärts nach Wenningstedt führt, unterwegs, und doch liegt Ruhe über der Szene. Wanderer haben Steine wie im Hochgebirge zu Haufen übereinandergestapelt, sie weisen den Weg. Die tief stehende Sonne wirft ihr weiches Licht, Wind und Meer beschränken sich in diesen Abendstunden auf ein Hintergrundrauschen. Der Weg, mal durch weichen Dünensand, dann über festen Boden, lehrt Demut. Er zeigt, wie vergänglich Schönheit ist, wie schön Vergänglichkeit. Dieses Zauberland euphorisiert, es beflügelt Kinder, versöhnt Streitende und bringt Schwätzer zum Schweigen. Wenn sich die Sonne dem Meer entgegenneigt, gibt es kaum einen schöneren Platz. Wobei die Laune der Natur Sylt wie ein Lineal nach Westen ausgerichtet hat. Sonnenuntergänge werden da überall zum großen Kino.

In Wenningstedt biege ich ab, um schneller nach Westerland zu kommen. Ein Fehler. Der erste Eindruck des Dorfes ist eine lang gestreckte Halle, der Bauhof. Danach laufe ich durch Straßen, in denen Fußballfans die Flaggen des FC Bayern und des HSV gehisst haben. Warum tun sie das? Schöner machen diese Wimpel Wenningstedt nicht – eigentlich ist es ein hübsches Dorf, kleiner als Westerland, ruhiger als Kampen. Ein paar Villen der Jahrhundertwende mischen sich unter moderne Reetdachhäuser.

Am Horizont trumpft schon Westerland auf mit seinen Hochhäusern an der Kurpromenade. Je näher man dem Hauptort kommt, umso fassungsloser machen die Bausünden, die sich immer mehr in das Meerpanorama schieben. Es sind Fingerzeige eines Zeitgeistes, der mit der Zeit auf den Geist geht. Auf halbem Weg zwischen Wenningstedt und Westerland liegt das Forschungsgelände des Umweltbundesamtes mit seiner Luftmessstation. In Westerland wurden die Feinstaubgrenzwerte im laufenden Jahr fast so oft überschritten wie in Hamburg – Ursache ist allerdings die Nordseeluft.

Wobei man angesichts der Automassen auch auf andere Gedanken kommen könnte. So weich kann kein Abendlicht

zeichnen, um diese Sünden aus Waschbeton zu verwaschen. Walter Jens ätzte einst über „Betonsilos am Meer, geballte Hässlichkeit über einer der scheußlichsten Straßen, Friedrichstraße, einer misslungenen Mischung aus St. Pauli und Baden-Baden".

Immerhin hat sich in den vergangenen Jahren einiges getan, Westerland wird langsam schöner. Neubauten fügen sich harmonischer zu den Denkmälern der Bäderkultur. Ein besonderer Blickfänger ist noch immer das Jugendstilhotel Miramar – gigantischen Geboten in den Zeiten der Betonära hielten die Besitzer stets stand.

Anfang der 70er-Jahre galt Sylt nach Cannes und St. Tropez als bekanntestes Ferienziel in Europa. Vor 20 Jahren kostete die Fahrt zum Ellenbogen 8 D-Mark, heute sind es 5 Euro. Das Billett für den Strand schlug damals mit 6 D-Mark zu Buche, heute sind es bis zu 4 Euro.

Es bleibt ein seltsames Gefühl, für den Strand zu zahlen. Hinten liegt das freie Meer, vorne lauert die Mautstation mit städtisch beauftragten „Wegelagerern", aber diesmal treffe ich auf eine sehr charmante. „Das ist eigentlich ein Traumjob", sagt die Mitarbeiterin des Sylter Tourismusverbandes. Zwischen halb zehn und halb sechs am Abend kassiert sie bei Erwachsenen ohne Kurkarte in der Hauptsaison 3,50 Euro – eine Pause ist nicht vorgesehen, eine kleine Zwischenmahlzeit hat sie mitgebracht. „Acht Stunden komme ich hier nicht weg", sagt sie und lacht: „Das Leben ist hart an der Küste." Seit 1979 lebt sie auf der Insel und schätzt besonders die – im Übrigen kostenlose – Wattseite. „Ich verstehe nicht, dass da so wenige hingehen."

Die Westerländer Küste wirkt auf den ersten Blick weniger einladend. Die Dünen sind von einer Mauer aus Stein und Beton eingefasst, über die die Promenade führt. Der Strand, an dem die See beständig knabbert, ist schmal und fällt steil ab. Der Sand muss regelmäßig vorgespült werden, um die Stadt zu schützen. Die ganze Insel hat sich seit 1972 rund 42,7 Millionen Kubikmeter Sand aus dem Meer für rund 170 Millionen Euro geleistet. Sylt ist uns lieb. Und teuer.

Am Ende der Promenade führt der Weg auf einem Holzsteg weiter. Auf dem Geländer ist insel-sylt.de eingebrannt. Was bitte sucht man am Nordseestrand im Internet?

Am Ende des Stegs steige ich über die Dünen. Gleich dahinter schmiegt sich ein kleines Wäldchen an die Sandwälle – überraschend auf der baumarmen Insel. Hier kämpfen gebeugte Kiefern erfolgreich gegen das raue Nordseeklima. Hinter dem Südwäldchen verbirgt sich der größte der sieben Campingplätze. Der Zeltplatz ist eine Einstiegsdroge für Sylt-Süchtige. Viele der Hotelgäste von heute nächtigten einst im Zweimannzelt im Dünensand. Und verfielen der Insel, wie es Die Ärzte besangen. „Diese eine Liebe wird nie zu Ende gehen, wann werd ich sie wiedersehen? Ich hab solche Sehnsucht, ich verlier den Verstand. Ich will wieder an die Nordsee, ich will zurück nach Westerland." Oder doch nach Kampen?

Der Weg südwärts führt mich entlang der Straße – kein Platz für Punk-Schmonzetten. Hier rauscht nur der Verkehr, das Meer verbirgt sich hinter Stacheldraht. Die Heide ist abgesperrt. Ich will zurück ins Lister Land. Wer jemals durch das Reich der Wanderdünen wanderte, dessen Reizschwelle ist dramatisch erhöht. Immerhin führt mich der Weg nach einigen Kilometern in ein weiteres Wäldchen. Sylt ist eine Insel der schnellen Wechsel. Wo eben noch Straße dominierte, herrscht schon einige Meter entfernt Frieden. Überraschend dicht, ja binnenländisch wirkt der Wald vor der Eidumer Vogelkoje. Als er mich ausspuckt, bin ich zurück in der Zivilisation. Rantum hat sich in den vergangenen Jahren gemacht. Nahmen viele Urlauber den Ort früher eher als Raststätte auf der Transitstrecke zur Sansibar wahr, ist das Dorf nun eine Reise wert. Hinter dem Zeltplatz und dem TUI Blue Hotel liegt die Sylt-Quelle mit Meerkabarett und Kunstraum.

Hinter der Sylt Quelle gibt es Nordsee in einer ganz besonderen Ausformung. Der Deich des Rantum-Beckens eröffnet spektakuläre Blicke auf eine Welt aus Watt und Wasser und auf die Insel, die mir zu Füßen liegt. Die Nationalsozialisten wollten hier ursprünglich einen Flugplatz anlegen, heute ist das

Sylter Impressionen:
das Quermarkenfeuer in Kampen,
die Friedrichstraße in Westerland – und
blühende Heide am Nordseestrand.
Fotos: imago (2), Andreas Laible

Typisch Sylt: ein reetge-
decktes Friesenhaus in
den Dünen bei Hörnum.
Foto: imago

Rantum-Becken ein Natur- und Vogel-
schutzgebiet. Gerade auf der Wattseite
gleicht Sylt einem Chamäleon: Watt und
Salzwiesen verändern ihre Farbe nach
Sonnenstand und Tageszeit. Wer genauer
hinsieht, entdeckt Strandaster und Queller. Über den Deich schlage ich den Weg
Richtung Hörnum ein. Während ich Rantum verlasse, wundere ich mich über die
Einförmigkeit der Neubauten. Typ Friesenhaus unter Reetdach, heller Klinker,
der so heißt wie die Insel: Sylt.

Die alte Inselbahntrasse führt nah
an der Wattseite entlang. Die Nordsee
hat sich zurückgezogen, das Watt ist so
trocken gefallen, als könne man gleich
weiter nach Föhr und Amrum wandern.
Rechts von mir liegen die Dünen, kleiner
und dunkler, als ich sie aus dem Norden
in Erinnerung habe. Hier, südlich von
Rantum, liegt die Sollbruchstelle der Insel. 500 Meter trennen die Wasser, hier
könnte die Insel eines Tages zerbrechen.
Von derlei Untergangsszenarien ist an
diesem schönen Maitag nur nichts zu
ahnen.

Ganz im Gegenteil: Etwas weiter
südwärts, in der Sansibar, feiert sich Sylt selbst – und eine
der sympathischsten Geschich-
ten einer Verwandlung. Herbert Seckler kaufte 1977 einen abgelegenen, neun
Quadratmeter kleinen Kiosk am FKK-
Strand zwischen Rantum und Hörnum.
Heute ist es das In-Lokal auf der Insel,
für das sogar Prominente zu reimen ver-
suchen: „Ob Kutt, ob Butt – im Sansibar
geht's allen gut! Ob Filet, ob Flunder – im
Sansibar, da gibt es Wunder!", frohlock-
te Wolfgang Joop. Die Sansibar ist kein
Refugium der Reichen, nein, die zwei
gekreuzten Seeräuberklingen gelten vielen als Symbol für Sommerfrische. Die
Außenterrasse bietet einen großen Spiel-
platz und ist unaufgeregt gemütlich, die
Holzhütte zugleich Raumwunder und
Genussmaschine. Die wie geschmiert
läuft. Und die verlässlich ist: Patron Seckler gehört in der Sansibar zum Inventar
wie die Likörellen von Udo Lindenberg
an der Wand; der gebürtige Schwabe
steht aufmerksam am Tresen oder auf
der Terrasse, immer im Blickkontakt
oder Gespräch mit seinen Gästen. Und
wenn die Sonne untergeht, erklingt das

alte Lied von den Capri-Fischern. Das ist seit mehr als 40 Jahren so. Damals legte Seckler noch selbst Musik für die Gäste auf. Irgendwann sagte ein Gast beim Sonnenuntergang: „Jetzt fehlen nur noch die Capri-Fischer." Der Zufall wollte es, dass Seckler just an diesem Tag einen Sampler mit dem Schlager von Rudi Schuricke bekommen hatte. Eine Tradition war geboren. Und eine, die längst die Gäste in zweiter Generation fesselt. Eine Hütte im Niemandsland mit guter Küche und einer Weinkarte in einem Umfang, den man in der endlosen Dünenwelt als Letztes erwarten würde.Das Meer ist nur einen Schluck entfernt, der Strand an dieser Ecke wunderschön. Ich wage mich bis zu den Knien in die Wellen und denke an Thoma s Mann, der einst beim Baden in der Brandung schwärmte, er werde sich „nach deren Prankenschlägen das ganze Jahr zurücksehnen". Um es ihm gleichzutun, fehlen der Nordsee in diesen Tagen noch acht bis zehn Grad.

Zurück Richtung Straße stoße ich auf ein Graffito, mit Schablone auf den Radweg gesprüht: „Geld macht unfrei", steht da. Demnach muss Sylt eine verdammt unfreie Insel sein, wo nicht nur der Strandzutritt, sondern schon die Parkplätze an den Aufgängen Geld kosten. Und doch bietet die Königin der Nordsee zugleich mehr Freiheit als fast alle anderen Küstenstriche der Republik: 40 Kilometer Strand am Stück öffnen immer wieder Fenster zur Freiheit, weil die Sylter dem Blanken Hans und blanken Punks, verrückten Investoren und entrückten Gästen immer wieder getrotzt haben. Und weil die Insel fast ohne Zäune und Verbote auskommt.

Selbst der unter Hochspannung stehende Mast ist hinter einem einfachen Jägerzaun gesichert. Ich bin zurück auf der alten Inselbahntrasse. Im Süden stoße ich auf einige Teiche in den Dünentälern, die das trockene Frühjahr überdauert haben. Im Wasser spiegelt sich das Blau des Himmels. Und spätestens bei Puan Klent drängt sich der Eindruck auf, die ganze Insel sei gespiegelt mit der Westerländer Friedrichstraße als Spiegelachse. Das Jugenderholungsheim Puan Klent ist historisch eng mit der Akademie am Meer verbunden, die Hörnumer Odde ist der Ellenbogen des Südens, die Sansibar eine

Spiegelung Kampens. Die Dünenlandschaft entwickelt ihre immer neue Magie. Es ist eine meditative Wanderung, die immer wieder neue überraschende Blicke schenkt. Salzwiesen, die wie von Emil Nolde gemalt in der Sonne schimmern; heidebewachsene Dünen wie ein Gruß aus der Lüneburger Heide; und dann ein Sandstrand direkt am Watt, als weile man auf Föhr.

Als die Straße zurückkehrt, werde ich aus meinen Tagträumen gerissen, auch wenn der Verkehr hier im Süden deutlich verhaltener rauscht. Hörnum, das spätberufene Dorf, macht am Ortseingang einen wenig einladenden Eindruck. Hinter der Düne ragt ein Haus in die Höhe, das nur aus Dach zu bestehen scheint. Der Ort, bis 1945 vor allem militärisch geprägt, wuchs erst nach dem Zweiten Weltkrieg; der Tourismus erwachte, nachdem der Ort 1968 zweispurig an den Inselnorden angeschlossen worden war. Der Fremdenverkehr kommt weniger mondän daher: „Fünf-Städte-Heim", „Heim an der Düne", „Jugendaufbauwerk" klingen weniger nach Prosecco als nach rotem Tee aus Blechkannen, mehr nach Butterbrot als nach Bruschetta.

Das Dorf lässt auf sich warten, man wähnt sich auf der Einfallstraße einer Provinzkleinstadt. Die katholische Kirche ist nicht mehr Gott geweiht, sondern als Arche Wattenmeer dem Naturschutz. Einige Hundert Meter weiter stoße ich auf die Schutzstation Wattenmeer. Die Odde ist ein ökologischer Hotspot. Natur braucht Ehrenamt. Insgesamt fünf Stationen betreibt die Schutzstation Wattenmeer auf Sylt – in Hörnum steht eine selbst gemachte Schau über den Nationalpark und seine Bewohner im Mittelpunkt.

Die letzten Meter führen mich in den Ortskern von Hörnum, keine architektonische Offenbarung, eher eine ehrliche Haut. Es ist die Natur, die Gäste in den Süden Sylts zieht. Nirgendwo verändert sich die Landschaft so schnell, nirgendwo nagt die Nordsee so zerstörerisch an den Dünen, nirgendwo abseits des Ellenbogens wirkt die Landschaft so archaisch wie hier. Nirgendwo ist – im doppelten Sinn – das Ende so nah. Sylt ist eine Königin mit Stil. Sie tritt nicht ab, sie geht irgendwann unter.

Sylter Impressionen:
die Sansibar,
der Sylter Flughafen
und der Hafen von Hörnum.
Fotos: imago

Der nette Mann am Terminal

Wer mit dem Auto auf die Insel möchte, kommt an Hans-Peter Pillen und seinem Team nicht vorbei. Über Oldtimer, menschliche Begegnungen und den Weg nach Sylt

TEXT: KAJA WEBER   FOTOS: MICHAEL RAUHE

L assen wir die Autos hier?", fragt ein Junge mit blauer Jacke und weißem Mund-Nasen-Schutz seinen Vater. „Ne, die kommen mit!", sagt der, während sie an der Fahrbahn in Niebüll entlanglaufen und noch ein paar Snacks für die Überfahrt holen. Wer mit dem Wagen nach Sylt fahren möchte, muss über den Hindenbugdamm – mit dem Autozug. Seit 1927 verbindet der 11,3 Kilometer lange Damm Sylt mit dem Festland. 120.000

Hans-Peter Pillen in Aktion: Er weist
den Autofahrern am Sylt Shuttle in
Westerland den Weg. Und das gut
gelaunt seit gut 20 Jahren.

Tonnen Steine wurden damals innerhalb
von vier Jahren herangekarrt, um den
Damm auf 50 Meter Breite und elf Meter
Höhe zu bauen. Seit 1932 werden hier mit
der Eisenbahn auch Autos auf die Insel
gebracht.

Die typisch runde Uhr mit den di-
cken schwarzen Strichen und dem roten
Sekundenzeiger, die zwischen den Fahr-
spuren steht, verrät schon, dass der Sylt
Shuttle zur Deutschen Bahn gehört.

Am Terminal riecht es nach Salz und
Meer. Zumindest an einem Dienstagmor-
gen ist es ruhig hier, neben dem Rauschen
des Windes hört man nur einzelne Wort-
fetzen aus dem Autoradio des Nachbarn.
Möwen fliegen über die wartenden Autos:
den BMW aus Baden-Württemberg, den
Porsche aus Sachsen und den Opel aus
Sachsen-Anhalt.

An besonders gut besuchten Tagen
fahren nach Angaben der Deutschen
Bahn bis zu 4000 Autos zwischen In-
sel und Festland mit dem Sylt Shuttle,
Hin- und Rückfahrt zusammengenom-
men. Eine Überfahrt inklusive Be- und
Entladung dauert übrigens ungefähr 45
Minuten, denn insgesamt ist die Strecke
zwischen Niebüll und Westerland fast 40
Kilometer lang.

All die Autos und Motorräder sicher
von A nach B zu bringen, von Niebüll
nach Westerland und zurück, dafür sind
Hans-Peter Pillen und seine Kolleginnen
und Kollegen zuständig: die „Welcomer",
Einweiser und Kartenverkäufer am Terminal. Nur die Lokführerinnen und Lok-
führer begleiten den Zug hin und zurück
über den Hindenburgdamm. Pillen aber
arbeitet stationär mit seinem Team in
Westerland am Industrieweg 18a.

„Ich bin der böse Mann, der die
Fahrzeuge auf dem Terminal aufteilt auf
die Flächen oben und unten. Und dem
Golf-Fahrer sagen muss: Ich habe leider
keinen Platz auf dem Oberdeck", sagt der
60-Jährige und lacht. „Infrastrukturkoor-
dinator" nennt sich sein Job offiziell.

Der Sylt Shuttle auf dem
Hindenburgdamm – seit 1972
ist er durchgehend zweigleisig.
Foto: Axel Heimken/dpa

Morgens ist Pillen der Erste, der um 4.30 Uhr den Dienst beginnt: „Dann stehen unsere Gäste schon vor den Schranken." Vieles läuft inzwischen automatisch am Terminal des „Sylt Shuttles". Fährt der Kunde am Kurt-Bachmann-Ring 2 in Niebüll ein, wartet er vor der Schranke – aber nur ein paar Sekunden. Das bei der Buchung hinterlegte Nummernschild wird erkannt, „Gute Fahrt", sagt eine automatisierte Frauenstimme. Eingeben muss man nichts mehr, wenn man eine Reservierung hat. Rund 75 Prozent der Buchungen im Sommer werden online abgeschlossen, davon etwa 50 Prozent mit Reservierung.

Auf die menschliche Komponente kann man am Terminal aber nicht verzichten: Beim Warten auf den Zug sieht man Pillens Kollegen – die Männer und Frauen in den orangefarbenen Westen – nur von Weitem, beim Auffahren auf den Zug dann kommen sie einem entgegen. Und winken die Gäste direkt hinter den jeweiligen Vordermann heran, sortieren nach Reservierung und Reihenfolge und kontrollieren die Abstände.

„Wir sortieren die Fahrzeuge nach Höhe und Gewicht. Die Obergrenzen sind jeweils drei Tonnen Gewicht und 2,70 Meter Höhe auf dem Ober- beziehungsweise 1,65 Meter Höhe auf dem Unterdeck. Das müssen wir ganz schnell einschätzen beim Zuweisen", sagt Pillen. Alle Fahrzeuge, die mehr als drei Tonnen wiegen, müssen auf dem Lkw-Teil des Zuges mitfahren. So werden die Autos auf den Zug geladen, rüber zur Insel oder wieder aufs Festland gebracht. Lachend fügt Pillen seiner Erklärung hinzu: „Und meist sind wir auch pünktlich." Während einer Schicht betreut er 18 Fahrten, bis etwa 13 Uhr ist er im Einsatz. Der Sylt Shuttle hat eine längere Schicht: Er fährt etwa täglich von 5 Uhr morgens bis 21 Uhr abends. Im Sommer verkehrt er im Stundentakt mit einigen Zusatzzügen. Im Winter hingegen mit einigen Zügen weniger.

Wenn die Kunden in Westerland ankommen, muss Pillen sich mit ganz unterschiedlichen Themen beschäftigen: mit der toten Autobatterie, die im Wartebereich schlapp gemacht hat. Aber auch mit der alten Dame, die fest überzeugt ist, dass ihr Ford Ka keinen Rückwärtsgang hat und deshalb nicht ordnungsgemäß in den vorletzten Slot auf dem Wagen fahren kann. „Zusammen haben wir dann den Rückwärtsgang gefunden, und sie war total überrascht, dass ihr kleines Auto tatsächlich rückwärtsfahren konnte. Das war schon richtig lustig", beschreibt Pillen die Begegnung. „Das macht auch meinen Job aus: sich auf ganz viele Leute und Charaktere, kreuz und quer aus der Republik und aus dem Ausland, einzulassen. Das ist spannend und immer wieder toll."

Für den Oldtimerfan hat sein Beruf aber noch andere Vorteile: „Ich sehe hier Fahrzeuge, die würde ich in meinem Lebtag nirgendwo anders sehen." Zum Beispiel einen Ford GT, das Modell, das auch Schauspieler Steve McQueen gefahren habe. Davon gebe es nur noch ganz wenige, erzählt Pillen begeistert: „Der war so laut, da sind mir fast die Ohren abgefallen." Ein Gast habe ihm erzählt, dass er in seinem ganz kleinen Auto, einem NSU Spider, aus der Nähe von Ingolstadt bis hoch nach Sylt gefahren sei. Drei Tage habe er gebraucht, auf der Landstraße – und fand die Tour toll. Die Frau des Fahrers habe das anders gesehen: „Ich fahr heute mit dem Zug nach Hause, da kannst du machen, was du willst", habe sie gesagt – wenn Pillen das erzählt, muss er freudig lachen. Wie so oft, wenn er über seine Gäste spricht.

Seit Januar 2002 ist er beim Sylt Shuttle. Und schon seit 1976 bei der Bahn. In den vergangenen Jahren hat er große Veränderungen miterlebt. Nicht nur, weil sich der Sylt Shuttle seit Herbst 2016 die Terminals mit einem weiteren Unternehmen, dem blauen „Autozug Sylt", teilt. Der wird von einem Tochterunternehmen der US-Eisenbahngesellschaft RDC betrieben. Die Globalisierung macht auch am Hindenburgdamm nicht halt. Neu sind zudem die Spuren für Wagen mit Reservierung und die Webcams, mit denen man online fast minutengenau sehen kann, wie viele Fahrzeuge gerade auf die Überfahrt warten.

Auffälliger sei aber die Änderung im Verhalten der Gäste: „Der Sylt Shuttle ist auch ein Spiegel unserer Gesellschaft", sagt Pillen. „Früher war alles geballt am Sonnabend. Das ganze Kommen und Gehen. Und trotzdem waren die Leute entspannter, sie hatten mehr Zeit. Heute ist das anders. Wenn der Zug nicht fährt – aus welchen Gründen auch immer – oder die Autofahrer eine Stunde im Stau stehen, ist das für sie nicht akzeptabel." Auch am Gate werde leider immer weniger geschnackt. Hans-Peter Pillen sitzt

ein Nadelöhr wie der Elbtunnel. Wenn es sich da staut, die Technik mal nicht mitmacht, dann ist das so", sagt Pillen. „Das muss man einfach gelassen nehmen, das gehört auch zu dieser einzigartigen Insel Sylt", sagt er. Und versucht, die Kunden daran zu erinnern, die Aussicht bei der Überfahrt wieder zu genießen, die „geile Weite, das Wattenmeer".

Hans-Peter Pillen lebt selbst seit 1986 auf Sylt. Ursprünglich kommt er aus der Gemeinde Nordstrand bei Husum, dort hat er auch seine Ausbildung gemacht. „Wenn man so mit der Region verwachsen ist, dann geht man nicht so

gern ganz woanders hin", sagt Pillen. Sein Sylt ist das Sylt im Herbst und Frühjahr: Die Leere, die freien Ecken, die man für sich alleine entdecken kann. „Wenn man am Strand ist und so ein richtig schöner, kräftiger Wind aus westlicher Richtung über den Strand pfeift, man eigentlich gar kein Peeling mehr braucht, weil der Sand das erledigt – das ist total cool. Da kann man seine Seele baumeln lassen", findet der Eisenbahner. Für ihn endet das „Seele baumeln lassen" dann mit dem Nordständer Getränk Pharisäer und einer Friesentorte. Er findet: „Mehr geht nicht."

oft selbst die Uhr im Nacken. Aber wenn schon die Kunden so auf die Zeit getrimmt sind, versucht zumindest er, den Stress auszublenden. „Das ist genauso

Ein Dutzend E-Autos am Start: Heiko Schwarz vom E-Mobility Center Sylt.

Verkehr der Zukunft

Ridesharing, E-Busse, Roller und Pedelecs: Wie die E-Mobilität auf der Insel ankommt

TEXT: JAN-ERIC LINDNER   FOTO: MICHAEL RAUHE

Spontan mal eben einen Elektroflitzer mieten? Das ist auf der Insel Sylt (noch) fast unmöglich. Drei bis vier Wochen Vorlauf sollte man einplanen, wenn man seinen Urlaub mit einem emissionsfreien Leihautomobil flexibler gestalten möchte. Aber auf der Insel hält unzweifelhaft die Elektromobilität Einzug. Die Nachfrage übersteigt das Angebot. Doch die Anbieter arbeiten mit Hochdruck daran, den Verkehr der Zukunft auf Sylt zu gestalten – und weitere Angebote zu schaffen. Auch ein Ridesharing-Angebot nach Moia-Prinzip ist seit Kurzem am Start.

Im E-Mobility Center von Sylt Tourismus und Mercedes an der Sylter Welle wachen Heiko Schwarz und sein Team über ein Dutzend Autos, zahlreiche Elektroräder und eine kleine Flotte 45 km/h schneller E-Motorroller. „Just explore" heißt das elektromobile Programm, mit dem Touristen und Einheimische verbrennungsfrei auf Sylt unterwegs sind. Vier weitere Autos werden in Kürze das Angebot erweitern. Und es könnten noch deutlich mehr werden. Schwarz: „Die Nachfrage ist viel größer als das Ange-

bot. Wir waren in der Sommersaison 2021 dauerhaft ausgebucht. Und machen uns keine Sorgen, dass dies 2022 anders sein könnte. Schwarz: „Viele Besucher buchen mit dem Apartment auch gleich ihr E-Auto für das kommende Jahr!" Doch auch Tagesbuchungen und spontane Besuche sind immer möglich. Dies vor allem, wenn man einen der flotten „Uno"-Roller oder ein Winora-Rad mit Unterstützungsmotor leihen möchte. Sie sind für 22 Euro pro Tag zu haben, unabhängig von der Mietdauer. Auch die freien Fahrradvermieter auf Sylt haben inzwischen eine breite Palette unterstützter Velos und Pedelecs im Angebot.

Mercedes hat für die Kooperation mit der örtlichen Tourismus GmbH E-Smarts, A-Klasse-Modelle und die neuen Elektro-SUV nach Sylt gebracht. Von denen sollen spätestens zur kommenden Saison vier weitere kommen. Derzeit stockt die Produktion – wie in so vielen Unternehmen und Wirtschaftsbereichen.

Auch beim öffentlichen Personennahverkehr (ÖPNV) setzt die Insel auf neue Antriebe. Thomas Lagmöller vom Projektteam E-Mobilität der Sylter Verkehrsgesellschaft (SVG): „Als erster Verkehrsbetrieb in der Region haben wir Elektrobusse eingesetzt. Wir wollen die komplette Sylter Busflotte auf E-Mobilität umstellen." Derzeit bedient die SVG die Insel mit 22 Bussen.

Doch das ist nicht das einzige Großprojekt, das das Projektteam um

Lagmöller schultern muss: Die Gesellschaft bringt in Kürze eine App heraus, mit der Kunden Verkehrsangebote wie ÖPNV, Carsharing und Ridesharing kombinieren können. Ein ähnliches Angebot gibt es in Hamburg mit ShareNow. Auf Sylt arbeitet man mit dem Anbieter „Door to Door" zusammen. „Sylt Go" heißt das Programm. Lagmöller: „Ziel ist eine multimodale App, die es dem Kunden erlaubt, den E-Bus vom Bahnhof Westerland nach Kampen zu nehmen, dort auf einem reservierten Rad nach Wenningstedt zu fahren und per Ridesharing zurück nach Westerland oder wohin auch immer auf der Insel zu gelangen. Alles über einen Buchungsvorgang." In nicht allzu ferner Zukunft könnten auch Päckchen und Pakete auf diese Weise mittransportiert werden, so Lagmöller. Drei Ridesharing-Busse, Modell Mercedes EQV, sind bereits im Einsatz.

Eine klare Absage erteilt die SVG dem sogenannten Free Floating, das in Hamburg für Ärgernisse sorgt. An der Elbe dürfen Elektroroller nahezu überall abgestellt werden. Sylt definiert klare Stellplätze für die Roller, will so Wildwuchs und Stolperfallen vermeiden. Mit Jojo ist ein Anbieter auf der Insel vertreten, der auch E-Bike-Sharing anbietet.

Infos: sylt.justexplore.de / svg-busreisen.de sylt-go.de / jojo-ebike.de / veloquick.de E-Mobility Center, Strandstraße 32, 25980 Sylt (An der Sylter Welle), Telefon 04651/99 80

Ein Haus der Superlative

Ortstermin an der spektakulärsten Baustelle der Insel. Der Lanserhof will Gäste aus aller Welt anlocken

TEXT: ULRICH GASSDORF FOTOS: MICHAEL RAUHE

Mitten in den Dünen liegt der Lanserhof auf einem Hügel. Das Gesundheitsresort hat im Haupthaus 55 Zimmer und Suiten.

Das spektakulärste Bauprojekt auf Sylt steht kurz vor der Vollendung. Die Rede ist vom Lanserhof in List. Das luxuriöse Gesundheitsresort mit eigenem Medizinkonzept wird im Januar 2022 seine Pforten öffnen und soll eine wohlhabende internationale Klientel anziehen. Auf einen exakten Eröffnungstermin wollte sich die Lanserhof-Gruppe, die vier weitere Standorte am Tegernsee in Bayern, im österreichischen Lans, den Lanserhof at the Arts Club in London Mayfair und das Lans Medicum am Hamburger Stephansplatz betreibt, nicht festlegen.

Der erste Spatenstich für die Luxusklinik war im November 2017, und im Oktober 2020 wurde Richtfest gefeiert. Der Lanserhof wird auf dem Areal des ehemaligen Offiziersheims gebaut, das unter Denkmalschutz steht. Vier weitere Kasernengebäude wurden abgerissen. „Die Bauarbeiten kommen gut voran", sagt Dirk Humme, der technische Leiter des Lanserhofs, beim exklusiven Ortstermin.

Die beiden Kräne fallen schon bei der Anfahrt nach List ins Auge. Das Gebäude thront auf einem Hügel mitten in den Dünen mit Blick auf die Nordsee. Die Gäste fahren mit dem Auto bei der Ankunft direkt in die Tiefgarage. Der Haupteingang ist nur zu Fuß zu erreichen. Noch klafft hier ein großes Loch, in dem Baumaterialien stehen.

Doch in den nächsten Monaten soll Sand aufgeschüttet und ein Weg zur Empfangshalle gebaut werden. Inzwischen sind in dem Gebäude die großzügigen bodentiefen Fensterfronten eingezogen worden. Überall im Haus, das aus drei Gebäudetrakten besteht und rund 17.000 Quadratmeter Fläche hat, werkeln Bauarbeiter. Auch die technische Gebäudeausstattung und die Dämmung der Räume laufen bereits auf Hochtouren. Die Fußbodenheizung wurde verlegt, die ersten Fußböden eingezogen. Spektakulär ist das Atrium. Das erstreckt sich vom zweiten Untergeschoss über fünf Stockwerke bis in die zweite Etage und ist rund 14 Meter hoch. Über eine Freitreppe, die noch gebaut wird, können die Gäste dann

Der technische Leiter Dirk Humme steht auf einem der Balkone.

Links: David Pegrim und seine Mitarbeiter sind für das Reetdach verantwortlich.
Rechts: Ein Blick in die imposante Dachkonstruktion.

durch das Haus flanieren. „Wir schaffen hier etwas Einzigartiges. Das gilt sowohl für das Konzept für das Gesundheitsresort mit einem angeschlossenen Luxushotel, als auch für die Architektur. Unser zentrales Anliegen war die Einbindung in die Dünenlandschaft. Denn wir sind der Überzeugung, dass nur in einem besonders nachhaltigen und gesunden Gebäude unsere Gäste im Einklang mit der Natur neue Kraft und Energie tanken können", sagt Lanserhof-Geschäftsführer Christian Harisch beim Telefonat mit dem Abendblatt. Die Investition in das Projekt liegt bei rund 120 Millionen Euro, zu den Investoren gehört auch Moderator Johannes B. Kerner.

Der Lanserhof soll ein Ort der Superlative werden, und das ist auch beim Dach sichtbar. Denn insgesamt entsteht das größte Reetdach Europas auf einer Gesamtfläche von 12.900 Quadratmetern – verteilt auf sechs Gebäude. Allein auf dem Haupthaus werden rund 6000 Quadratmeter Reet verlegt. Dafür sind David Pegrim und sein Team verantwortlich. Gemeinsam mit zwei Mitarbeitern werkelt der gebürtige Münchner, der seit 20 Jahren in Dänemark lebt, auf dem Dach und verlegt akribisch die einzelnen Reetbünde.

Das edle Material wird extra aus Kasachstan eingeflogen. „Wir sind schon 110 Tage hier beschäftigt und gehen davon aus, dass wir bis Ende August mit dem Haupthaus fertig werden", erzählt der 44-Jährige. Sicherheit hat auf der Baustelle höchste Priorität, deshalb sind die Dachdecker auch durch ein Seil gesichert.

Noch ist ein wenig Fantasie notwendig, um sich vorzustellen, dass in wenigen Monaten die ersten Gäste einziehen werden. Aktuell sind hier vor allem viel Beton, von der Decke hängende Kabel und Lüftungsschächte zu sehen. Dirk Humme steht im Erdgeschoss vor der großen Fensterfront mit Blick auf die Nordsee. „Hier wird die Lounge sein", erzählt er. Daneben soll ein Shop für die Gäste mit „vielen schönen Dingen entstehen". Im Erdgeschoss wird auch das

Restaurant eingerichtet. Als Küchenchef wurde Dietmar Priewe verpflichtet, der auch mal für die Kulinarik in der Sansibar in Rantum verantwortlich war. Wer in der Luxusklinik eincheckt, wird mit Gesundheitsküche verwöhnt – Alkohol wird hier nicht ausgeschenkt.

Weiter geht der Rundgang in die erste Etage. Dort sind die 55 Zimmer und Suiten mit bis zu 75 Quadratmeter Fläche zu finden. Alle haben einen Balkon, viele mit Meerblick. Der technische Leiter führt in eines der Zimmer, die sich über zwei Etagen erstrecken, inklusive einer frei stehenden Badewanne auf der Galerie. Aber davon ist jetzt noch nichts zu sehen, noch ist es ein Rohbau. Im ersten Untergeschoss wird der großzügige Spa-Bereich angelegt – an den Wänden ist bereits in gelber Schrift zu lesen, wo Sauna und Sanarium künftig ihren Platz haben werden. Deutlich weiter ist man schon beim Pool. Hier stehen die Außenwände. Das Schwimmbad ist innen rund zwölf Meter lang und rund fünf Meter breit. Der Außenpool ist 18 Meter lang und ebenfalls rund fünf Meter breit. Allein etwa 5000 Quadratmeter sind in dem Gebäude Medizin- und Therapieräumen vorbehalten.

Wer im Lanserhof auf Sylt eincheckt und ein medizinisches Basispaket mit sieben Übernachtungen bucht, der muss dafür mit mehr als 7000 Euro für den Aufenthalt rechnen. Der Fokus liegt neben dem Lans Med Concept auf kardiologischer Rehabilitation bei akuten und chronischen Erkrankungen und vor allem auf Prävention.

Durch einen Tunnel in 15 Meter Tiefe gelangen die Gäste zum rund 4000 Quadratmeter großen Diagnostikgebäude, in dem weitere 13 Zimmer und Suiten entstehen. Und wer sich ein rund 900 Quadratmeter großes Eigenheim mit Meerblick leisten möchte, wird auf dem Gelände auch fündig. Denn dort entstehen bis zum Sommer 2022 auch drei luxuriöse Strandvillen mit jeweils eigenem Innenpool. Zwei von ihnen sind bereits verkauft.

List
erfindet
sich neu

List gestern: Die Luftaufnahme zeigt den Ort vor Beginn der Bauarbeiten für den Dünenpark. Er entsteht im Bereich der Kaserne im linken Bildteil.
Foto: Luftbild Matthias Friedel

Wie das einst hässliche Entlein der Trauminsel fit für die Zukunft gemacht wird

TEXT: JAN-ERIC LINDNER   FOTOS: MICHAEL RAUHE

D ie größte Sandkiste der Insel – abseits von Stränden und Dünen – befindet sich derzeit in List. Nachdem der Lanserhof in den Dünen nahezu fertig ist, stachen Verantwortliche von Gemeinde, Kreis und Baufirmen auf dem 18-Hektar-Gelände der ehemaligen Marineversorgungsschule Mitte August symbolträchtig Spaten in die Erde. Es entsteht ein vollkommen neues Wohngebiet – das endlich auch einmal bezahlbaren Raum für Einheimische vorsieht. „Dünenpark" heißt das ambitionierte Projekt, mit dem die über Jahre klaffende Lücke am Lister Zentrum geschlossen werden soll.

Ein Bauvorhaben in solcher Größe hat es auf Sylt noch nie gegeben. Auf der rund 18 Hektar großen Fläche der ehemaligen Marineversorgungsschule (MVS) entstehen in den kommenden Jahren geförderter und frei finanzierter Dauerwohnraum für Sylter – auch für jene mit kleinerem Geldbeutel. Das Anmeldeverfahren läuft bereits. Insgesamt entstehen rund 300 Wohneinheiten: Miet- und Eigentumswohnungen, Reihen- und Doppelhäuser sowie Grundstücke für Einfamilienhäuser. Geplant sind Gemeinbedarfseinrichtungen wie Kita, Schwimmhalle, Aula, Co-Working-Space, Spiel-, Sport- und Grünflächen, wie der Bauträger, die DSK-BIG Projekt- und Stadtentwicklung, verspricht. Ergänzt wird der Dünenpark durch 62 Fe-

Eine Visualisierung des künftigen Dünenparks: In den Häusern der ehemaligen Kaserne entstehen Wohnungen für Insulaner. Visualisierung: Lucie Rüdisühli

rienhäuser unter Reet, klimafreundlich beheizbar und an Mobilitätskonzepte angebunden. 90 Wohneinheiten zur gewerblichen Nutzung stehen zum Verkauf sowie Villen, Einzelhäuser und Häuser mit zwei Wohneinheiten, eingebettet in Dünen, die extra aufgeschüttet werden. Um diese Immobilien können sich auch Interessenten ohne Erstwohnsitz auf Sylt bewerben.

Wo einst Soldaten exerzierten, entstehen die Neubauten. 32.000 Quadratmeter Naturfläche mit Heidekraut und Dünengräsern – ganz so, als sei das Areal nie überbaut gewesen. Das Investitionsvolumen: rund 250 Millionen Euro, mit denen List sein Gesicht vollkommen verändert. Seit Mitte August laufen die Bauarbeiten, spätestens im Jahr 2025, so hofft die DSK-BIG, sollen sie abgeschlossen sein. Bis dahin bleibt List Sylts Großbaustelle. Bereits begonnen hat die Sanierung der markanten „Fünf Schwestern", den ehemaligen Mannschaftsgebäuden der Kaserne. Jahrzehntelang prägten sie das Ortsbild. Hier entstehen die ersten rund 100 Mietwohnungen hinter Rotklinker. Parallel wird die Lister Schwimmhalle saniert und modernisiert. Im Herbst 2020 war sie mangels weiterer Betriebserlaubnis geschlossen worden – sehr zum Leidwesen vieler Sylter.

Lister hoffen, dass das gewaltige Bauvorhaben in der Lage sein wird, das derzeit eher zerrissene Ortsbild von List zu einem großen Ganzen zu fügen, den Fokus wegzulenken von den optisch derzeit dominierenden Anlagen von Lanserhof und A-Rosa Hotel. In beiden Fällen waren Ausmaß und Architektur der Bauten im Vorwege auf Kritik und Skepsis gestoßen. Hinter vorgehaltener Hand heißt es in List: „Die Gäste von A-Rosa und Lanserhof werden wir hier kaum zu Gesicht bekommen. Deren Tage sind gefüllt mit Essen, Schlafen und Wellness-Anwendungen." Hier und da spricht man scherzhaft von den „neuen Kasernen".

List galt lange als der touristisch am wenigsten erschlossene Ort auf Sylt. Was auch an der Großkaserne lag. Als sie aufgegeben wurde, verlor die Gemeinde auf einen Schlag 1200 Einwohner – gewann aber reichlich Platz hinzu. Der allerdings über viele Jahre zunächst mal überplant

Von oben: Melanie Steur und Dr. Matthias Strasser vom Erlebniszentrum Naturgewalten Sylt. Der Hafen von List mit seinen alten Fischkuttern.

List
ist die nördlichste Gemeinde Deutschlands, derzeit hat sie rund 1500 Einwohner und mehr als 80.000 Feriengäste pro Jahr. Umgeben ist der Hafenort von Wanderdünen, Heide und Salzwiesen. Aus dem Hafen verkehrt eine regelmäßige Fähre nach Römö, auch viele Tagestouren zu Seehundbänken und anderen Zielen starten in List.

wurde. Neben dem Hafen mit seinen Fischgaststätten wird nun mit dem Dünenpark die große Lücke in zentraler Ortslage nicht nur geschlossen, sondern in enger, vertrauensvoller Abstimmung mit der Gemeinde auch umfassend und zukunftsweisend konzipiert. Dadurch erhält die Lister Bevölkerung dringend benötigten Wohnraum und darüber hinaus ein frei zugängliches, städtebaulich wertvolles Quartier", verspricht der Investor.

Mit einer echten Neuigkeit wartet auch das Erlebniszentrum Naturgewalten auf – neben den Gosch-Fischhallen wohl der größte Anziehungspunkt in List. Was hier entsteht, erklärt Dr. Matthias Strasser, Geschäftsführer des Zentrums: „Wir planen seit 2015, ein 360-Grad-Kuppelkino im Zentrum einzurichten. Dank der Fördergelder und der Corona-Pause sind wir jetzt endlich so weit, den ‚Syltdome' in Betrieb nehmen zu können." Eine Spezialfirma aus Utah, USA, richtete das spektakuläre Kuppelkino ein.

Der Bereich „Kräfte der Nordsee" im Erlebniszentrum ist dafür komplett umgestaltet worden. Nun bildet das Kino das Herzstück der interaktiven Ausstellung. „Derzeit werden Filme eingespielt, die wir dann im Kino zeigen werden. Unser Ziel ist klar: Wir wollen Kinder und Erwachsene für die Natur sensibilisieren. Nicht mit erhobenem Zeigefinger, sondern durch hautnahe Erlebnisse, durch Begeisterung." Den Anfang macht ein Film, der Sylt zeigen wird, wie es noch nie zu sehen war. Zu sehen sind 360-Grad-Bilder, Drohnenaufnahmen, Flüge durch einen Offshore-Windpark, Unterwasseraufnahmen.

Fünf Projektoren werfen die Rundumbilder an die Kuppel. Eine High-End-Soundanlage mit Ringlautsprechern hinter der Leinwand soll auch ein akustisches Erlebnis erschaffen. Dafür wurde der Raum unter dem bespannten Halbrund aufwendig und doppelwandig gedämmt. Strasser: „Die Besucher können hier eintauchen in die Welt der Bilder und Töne. Es ist eine neue mediale Vermittlungswelt." 48 Besucher können gleichzeitig im Kino Platz nehmen und die Sitze in Liegeposition schieben. „Wir haben den pädagogischen Ansatz, die Besucher zu faszinieren", sagt Strasser. „Mit dem 360-Grad-Kino haben wir uns einen lang gehegten Traum erfüllt."

Eine Kanne Tee, den Strandkorb zur Sonne, vom Wind geschützt — so lässt sich die Zeit vergessen ...

Kontorhaus Keitum
Gastgeberin: Gesa Michahelles

TEE
KONTORHAUS
SYLT

Möchten Sie einen ganz besonderen Ort auf Sylt kennenlernen? Einen Ort, der für Ruhe, Gelassenheit und Genuss steht? Dann sollten Sie einmal zu uns ins Kontorhaus Keitum kommen. Unser Haus gehört zur exklusiven Fährhaus-Familie und bietet einen Dreiklang aus Shop, Service und Wohnen. Lassen Sie sich am knisternden Kaminfeuer mit hausgebackenem Kuchen und perfekt gebrühten Teespezialitäten verwöhnen, stöbern Sie nach Herzenslust nach schönen Dingen rund um das Thema Wohnen – und bleiben Sie, wenn Sie mögen, gleich für ein paar Tage in einer unserer sieben luxuriösen Suiten. Das alles in einem Gebäude, das mit moderner Architektur und dezent-geschmackvoll gestalteten Räumen besticht. Tee ist ein Grundthema unseres Kontorhauses – er steht für die Kunst zu leben. Herzstück des Hauses ist unser atmosphärischer Teeraum, in dem auch – abhängig von der Corona-Lage – regelmäßige Kulturveranstaltungen stattfinden. Viele erlesene Teesorten und schöne Accessoires, edle Schmuckstücke und eine exklusive Auswahl an Kunst und Kleinmöbeln finden Sie in unserem Verkaufsraum.

Sie werden professionell beraten, ganz gleich, ob Sie einen besonderen Tee oder ein Mitbringsel für die Daheimgebliebenen suchen. Genuss, Kultur und Natur, diese Dinge gehören für uns zusammen. Das Kontorhaus ist eingebettet in eine wunderschöne Landschaft. Als Gast in einer unserer Suiten können Sie den Blick über die Keitumer Wiesen schweifen lassen und werden so sicherlich zur Ruhe kommen. Und falls Sie uns nicht auf der Insel besuchen können: Eine große Auswahl bietet auch unser Webshop, in dem Sie bequem online bestellen können. Lassen Sie sich überraschen von Neuem und Besonderem. Sie werden Ihre Freude haben, wir freuen uns auf Ihren Besuch!

Öffnungszeiten:
Mo.–Sa. 10–18 Uhr
Kontorhaus Sylt GmbH
Siidik 15 I 25980 Keitum
Tel 04651/88 911 94
kontorhauskeitum.de

Maurice Morell vor
seinem Suppenwagen
in List.

Das Gegenteil von Gosch

Maurice Morell war Unternehmensberater und Werber in Hamburg – dann löste er sich aus der Tretmühle und fand sein Glück in einem kleinen Suppenwagen in List

TEXT: JAN-ERIC LINDNER UND HEIKE WANDER
FOTO: MICHAEL RAUHE

Langsam geht es, Schritt für Schritt geht es über den Parkplatz an der Dünenstraße dem kleinen Glück entgegen. Dieses Glück, es kommt in kleinen Schalen oder Bechern daher. Dreißig Meter lang ist die Schlange der Wartenden an diesem Donnerstag gegen 12.15 Uhr. Sie nähern sich einem winzig kleinen Wägelchen, über dessen Verkaufsluke „Sylter Suppen" steht. Drinnen steht Maurice Morell, wie immer im weißen Hemd, und gießt bedächtig Kelle für Kelle in die Behälter. „Wahnsinn irgendwie. Ich mache doch nichts anderes, als Suppen zu kochen und sie freundlich rauszugeben", sagt er. Mit diesem Prinzip der radikalen Einfachheit hat es Morell geschafft, Inselkult zu werden. Auf der Insel ist er so etwas wie das Gegenteil von Gosch.

Linsensuppe, Kartoffel-Möhren-Suppe mit Kokoscreme und Junge Erbsencremesuppe hat Morell heute in seinen Töpfen. Hast ist nicht das Prinzip des Gastronomen. Dass die Warteschlange auch heute wieder so lang ist, löst bei ihm eher ungläubiges Staunen aus und stille Freude, aber sicher keine Hektik. Immer drei Kellen lässt Morell in die Becher fließen, mit Liebe geschenkt. Danach kommt die Garnitur. Wer mag, bekommt einen Nachschlag aufs Haus. Hinter dem kleinen Suppenwagen hat Morell einige wenige Tischchen in den Sand gestellt. Seine Kreationen sind inzwischen so beliebt, dass Touristen und Einheimische mit Kochtöpfen zu ihm kommen, um sich das kleine, immer vegane Glück daheim warm zu machen. Suppe, das ist auch für Maurice Morell mehr als eine flüssige Mahlzeit: „Das ist auch so etwas wie ein Mutti-Thema. Ich bin gern ein Versorger. Und Suppe, das kann ich." Außerdem, so

sagt der Gastronom, brauchen die Leute auf Sylt Magnesium und Salz: „Hier oben an der See hat man einfach mehr Hunger. Das war schon immer so." Geöffnet ist nur dienstags, mittwochs und donnerstags – nicht, weil nicht mehr ginge, sondern weil Maurice Morell es so will.

Morgens kocht Morell – direkt im kleinen Suppenwagen. Meist mit original Braderuper, Morsumer oder Kampener Kartoffeln, mit Möhren, Lauch, Kohl, Pastinaken und Roter Bete aus Braderup, Morsum, Tinnum, wenn möglich. Mit Lister Meersalz, weichem Sylter Wasser und Liebe, nie aber mit Fleisch oder anderen tierischen Zutaten.

Mit dem Suppenstand hat sich Morell einen Lebenstraum verwirklicht und zurück zur Einfachheit gefunden. Wie das gelang, kann man in seinem Buch „Wie ich lernte, meine eigene Suppe zu kochen, und damit glücklich wurde", nachlesen. Darin beschreibt er seine Lebensweise und coacht dabei gleichzeitig die Leser. Er habe das Buch für diejenigen geschrieben, „die es noch einmal wissen wollen, das Blatt wenden wollen", und für die, die ihren Traum vielleicht nicht verwirklichen, aber zumindest ihr Lebensmotiv erkennen möchten. Vom „Sie" in der Einleitung wechselt er schnell zum „Du", Themen im Buch sind Mut und Motivation, Bürokratie und Praxis, Tipps und Rezepte.

Beruflich war Morell vielfältig unterwegs: selbstständiger Unternehmensberater, angestellt in einer Multimedia-Agentur in Hamburg, und, und, und. Mit Anfang 60 fragt er sich nun bei Entscheidungen immer, ob diese sein Leben leichter und schöner machen und er sich dabei besser fühle. Dahin versucht

er im Buch seine Leser zu bringen. Vielleicht zunächst, indem sie klein anfangen und sich Gegenstände, Gedanken und Umgebungen verschaffen, die mit ihren Träumen zu tun haben.

Der „Küchenpsychologe" erlebt bei Kunden Ängste, Wut, Frust, Trauer und Provokationen. Durch die aufkommenden eigenen Gefühle lerne er dabei, wie Erfahrungen aus Kindheitstagen auch bei ihm noch immer wirkten. Er gesteht jedem seine Fehler zu. Das macht das Leben leichter. Besonders in der Hochsaison würden gestresste Gäste „am liebsten in drei Tagen mal richtig runterkommen", schreibt er. Doch das bekämen sie kaum hin.

Ein Role Model sei er mit seiner Selbstständigkeit, einer, der sich gelöst habe aus der Tretmühle, in der sich viele befänden und nicht wohlfühlten. „Was will ich wirklich ... und wofür?", fragt er. Positiv zu sein führe allerdings im Umfeld oft zu Skepsis. „Der nimmt was" sei bis heute ein geflügeltes Wort für ihn unter Freunden und Verwandten. „Ja, was nimmt er denn? Grüntee!", schreibt Morell.

Die Reduktion aufs Wesentliche lebt Morell auch im Alltag. Er ist in einen Wohnwagen gezogen. Mehr braucht er nicht zum Glücklichsein.

Der Suppenwagen (Dünenstraße 1, im Sylter Dünenhof) ist dienstags bis donnerstags ab etwa 12 Uhr geöffnet. So lange, bis die Suppe alle ist. Das ist meist gegen 13.30 Uhr der Fall.

Maurice Morell: „Wie ich lernte, meine eigene Suppe zu kochen, und damit glücklich wurde", Verlagsgruppe HarperCollins, 222 S., 16 Euro; Website: www.sylter-suppen.de.

Die Sintflut des Nordens

Vor 650 Jahren traf ein verheerender Orkan die Nordseeküste und verwüstete das Land. Die Grote Mandränke tötete Tausende Menschen und verschlang das sagenumwobene Rungholt

TEXT: MATTHIAS IKEN

Auf den Halligen tobt die Urkraft des Meeres ungebremst – hier der Friedhof von Hooge bei der Sturmflut 1976.
Foto: Pastor Speck

Das Meer holt sich den Strand. Das aufgewühlte Meer nagt unaufhörlich am blanken Roten Kliff von Kampen, Zentimeter für Zentimeter. Der Geestkern erodiert, Winter für Winter, die Nordsee wandert gen Osten, wie in all den Jahrhunderten zuvor. Und unter das Tosen der Flut mischen sich die Zeilen aus Kindertagen.

Heute bin ich über Rungholt gefahren,
die Stadt ging unter vor 500 Jahren.
Noch schlagen die Wellen da wild und empört
wie damals, als sie die Marschen zerstört.

Das Gedicht „Trutz blanke Hans" ist das bekannteste des Holsteiner Dichters Detlev von Liliencron, es gehört zum Schulkanon und erzählt von einem regionalen Trauma – der „Groten Mandränke" von 16. Januar 1362. In jenen Sturmtagen versanken Dutzende Quadratkilometer im Wasser, diese Flut verwandelte Amrum, Sylt und Föhr in Inseln, ließ nur Halligen zurück, wo vorher Kulturland war, und verschlang die mutmaßlich größte Stadt an der Nordsee: Rungholt. Die Erinnerungen an die verheerende Flut haben sich tief ins kollektive Gedächtnis eingebrannt und blitzen in Sturmnächten wieder auf; Rungholt ist zum Mythos geworden wie Vineta oder Atlantis.

Dementsprechend hat die Geschichte Dichter und Denker fasziniert. Liliencron beschreibt die Stadt als

„reich und immer reicher, kein Korn mehr
fasst selbst der größte Speicher.
Wie zur Blütezeit im alten Rom
staut hier täglich der Menschenstrom."

Während die Dichter fabulieren, streiten sich die Forscher über Größe und Geltung, Gestalt und Geografie der mittelalterlichen Hafenstadt. Tausende Menschen sollen hier dereinst gelebt haben – als Kiel 1500 und Hamburg 5000 Einwohner hatte.

Ein Rungholt-Experte, so berühmt wie umstritten, ist der Ethnologieprofessor und Buchautor Hans Peter Duerr.

„Unsere Brunnenfunde weisen auf bis zu 4000 Einwohner hin", sagt er. „Rungholt war kein kleines Fischerdorf, sondern ein Flecken." Allein die Tatsache, dass hier eine Stiftskirche stand, sei ein wichtiges Indiz für die Größe. Zudem verweist Duerr auf viele Keramikfunde, die er im Watt gemacht hat. „Diese Keramiken stammen aus Spanien, Südfrankreich und Afrika und sind völlig untypisch für einen Fischerort", betont Duerr. Andere Experten setzen die Zahl der Rungholt-Einwohner niedriger an. Der pensionierte Landesarchäologe Hans-Joachim Kühn geht von 1000 bis 1500 Einwohnern aus, Forscher Andreas Busch von 1500 bis 2000, auch das sind beträchtliche Zahlen für das Spätmittelalter.

Busch gilt als Wiederentdecker von Rungholt. Die ersten Funde machte der Landwirt und Heimatforscher von Nordstrand im Mai 1921. Damals fand er südwestlich der Hallig Südfall, in einem Priel zwischen Pellworm und Nordstrand, ein Stück Leder mit Nahtlöchern auf festem alten Kleiboden. Es folgten Tierknochen und schließlich drei Brunnen. Rungholt, bis dahin nur ein Mythos, wurde Realität. Auch weil Busch weitersuchte: Noch als 80-Jähriger stieß er im Jahr 1963 auf ein Holzfass.

Buschs Entdeckungen sind in der Fachwelt unumstritten; wo er den sagenumwobenen Flecken vermutete, lokalisieren heute auch die Landesarchäologen aus Schleswig Rungholt. Doch die genaue Lage des Ortes im mittelalterlichen Verwaltungsbezirk Edomsharde ist umstritten. Duerr hält die Reste, die Busch fand, nur für eine Warftsiedlung von Salzsiedern. Er verortet den Hauptort weiter im Nordosten und verweist auf die Karte des Zeichners Johannes Mejer von 1652: „Abriss von Rungholte und seinen Kirchspielen Anno 1240".

Genau diese Karte, deren Faksimile in einem Ferienhaus auf Nordstrand hing, weckte Duerrs Forscherehrgeiz. Er

verglich die alte Karte mit einem Luftbild der Wattgegend – und stieß auf verblüffende Ähnlichkeiten. „Die Topografie hat sich wenig verändert. Für mich sprach viel dafür, dass Rungholt an dieser Stelle gelegen haben muss." Als ihm sein Vermieter später Funde aus dem Watt zeigte – Keramik, Schädel und Schmuck –, war Duerr wie elektrisiert. Rungholt lässt ihn nicht los – bis heute.

Die Reise in das Nordfriesland der Vergangenheit ist die Reise in ein anderes Land. Die Küste hatte noch im 14. Jahrhundert ein komplett anderes Gesicht. Große Dünenwälle bildeten eine Art Nehrung vor der Küste. Sie zogen sich vom heutigen Sylt im Norden hinunter bis Eiderstedt. Einzelne Geestinseln ragten aus großen Moorflächen heraus; schmale Priele, Gezeitenrinnen, durchzogen das sumpfige Marschland, das die Friesen einige Jahrhunderte zuvor besiedelt hatten.

Die Menschen lebten auf Warftgruppen und hatten um ihre Dörfer und Äcker zusätzliche Deiche errichtet. Die Siedler gewannen zwar neues Land, waren zugleich aber auch mitverantwortlich für den Untergang. Mit der Entwässerung und Kultivierung des Marschlandes veränderten sie nachhaltig ihren Lebensraum. Wohlstand brachte den Friesen in Uthlande, wie das Außenland an der

Küste heißt, der Torfabbau. Sie sammelten Torf im Watt und verbrannten ihn, um Salz zu gewinnen. In den weiter vom Meer entfernten Gegenden bauten sie ebenfalls Brenntorf ab. Das Land, das auf einem eiszeitlichen Schmelzwassertal lag, fiel unter den Meeresspiegel. Eindeichungen verschärften die Probleme, weil das eingedeichte Land absackte und das Wasser nicht mehr großflächig verlaufen konnte. Die Warften, mit Grassoden gesicherte Erdhügel, sollten auch gegen Winterstürme Schutz bieten und überragten die Deiche um rund einen Meter. Als in den Januartagen des Jahres 1362 ein Sturm heraufzog und die Fluten stiegen, dürften sich die Friesen noch sicher gefühlt haben. Die Deiche und Warften würden schon halten, alles werde gut gehen.

Doch nichts ging gut. In der Literatur ist von einem Extremwetterereignis die Rede. Während über den Azoren ein Hoch lag, zog von Grönland und Island ein Tiefdruckgebiet in die Nordsee. Zwischen diesen beiden Druckgebieten bildete sich ein Orkan, der tagelang anhielt, weil sich die Druckgebiete kaum bewegten. Ein Hochwasser nach dem anderen bedrängte das Land, bei Ebbe konnte das Wasser nicht abfließen, weil der Orkan aus Westen dagegenblies. „Die passende Windrichtung zur passenden Zeit – das Wasser ist glatt über die Deiche gegan-

gen, ein Extremereignis", beschreibt der Heimatforscher Albert Panten das Geschehen vom 15. bis 17. Januar 1632. Ulf Ickerodt vom Archäologischen Landesamt Schleswig-Holstein vergleicht das Ereignis mit den Bildern vom Tsunami. Nach späteren Berichten sollen die Deiche um vier Ellen überflutet worden sein - das wären immerhin 2,4 Meter über den Deichkronen.

Die Flut traf die Menschen zu einem denkbar unglücklichen Zeitpunkt. Die besten Jahre Rungholts, ja, der ganzen Region waren schon vorbei. Zwölf Jahre zuvor hatte die Pest von Norden kommend auch die Uthlande heimgesucht. „Pest, Klimaveränderungen, Epidemien und Hungersnöte hatten die Menschen geschwächt – deshalb wurde der Deichbau vernachlässigt", sagt Duerr. Als die Deiche brachen, die immerhin zwei bis drei Meter hoch waren, sammelte sich das Wasser in dem tief liegenden Land. Die Tage des Januars verheerten die Uthlande; nach historischen Angaben kamen 7600 Menschen in der Küstenregion ums Leben. Insgesamt dürften bis zu 10.000 Tote zu beklagen gewesen sein. Aber das sind Schätzungen.

„Gesicherte Erkenntnisse gibt es nur über die zweite Mandränke", sagt der Archäologe Kühn. In dieser Flut vom 11. Oktober 1634 wurde die Insel Strand in die Bestandteile Nordstrand und Pellworm

Der Landwirt Andreas Busch
stieß 1921 auf Reste
der Siedlung Rungholt.
Foto: dpa / picture alliance

Heute

DÄNEMARK

Rømø

JÜTLAND

Sylt
Westerland
Tondern

Niebüll

Föhr
Wyk

Amrum

Halligen
Hooge

Pell-
worm
Nordstrand
Husum

Nordsee

Eiderstedt
St. Peter-Ording
Tönning

10 km

DEUTSCHLAND

Vor 1362

Lügumkloster

List

Kampen

PROBSTEI
Sylt Morsum
Tondern

Rantum WITHAA (WIEDAU)

Dagebüll

Föhr Wyk

PROBSTEI STRAND

Hooge

Rungholt

Pellworm

Nordsee Heverstrom

PROBSTEI
ORDING EIDERSTEDT

St. Peter

10 km

(nach Mejer, 1652)

zerlegt. „Damals gab es 6000 Tote, zwei von drei Bewohnern starben." 1362 war die Gegend dünner besiedelt, die Verheerungen aber vermutlich noch schlimmer.

Eine Wiederbesiedelung scheiterte auch daran, dass die vielen Deichbrüche nicht schnell repariert werden konnten und die tiefer liegenden Flächen dauerhaft ein Opfer des Meeres wurden. „Kleinere Landreste hat es noch gegeben, zu Eindeichungen aber fehlte den Menschen die Kraft oder der Mut", sagt Kühn. Nach 1362 fällt die Zahl der Funde aus jener Zeit radikal ab, nur Torfabbau ist nachweisbar. Rungholt war versunken – doch was damals unterging, löst bis heute große Konflikte in der Forschung aus.

Ethnologe Duerr verweist auf spektakuläre Funde, die insgesamt 17 Forschungsreisen mit Bremer Studenten ans Tageslicht beförderten: In einem Priel fand er Schädel „in großer Zahl", er entdeckte die Reste eines Sarges und zahlreicher Keramikgefäße. Er stieß auf Reste eines frühmittelalterlichen Langhauses und einer Kirche aus Backstein und Tuffstein, „die so groß und so bedeutend gewesen sein dürfte wie die alte Kirche auf Pellworm". Ja, es fanden sich sogar minoische Relikte, die auf Kontakte zwischen den Minoern und Nordseegermanen um 1300 vor Christus verweisen.

Die Begeisterung beim Schleswiger Landesamt hielt sich in Grenzen – man warf Duerr Raubgrabungen und fehlende Konsultation der Fachwelt vor. Bis zum Amtsgericht tobte Duerrs Auseinandersetzung mit dem Landesamt, Strafandrohungen und Bußgeldbescheide folgten. Duerr bedauert diese „Erbfeindschaft" und vermutet dahinter Forscherneid: „Wenn ich Zahnarzt gewesen wäre, hätte es keine Probleme gegeben."

Seine Kritiker hingegen zweifeln seine Forschung grundsätzlich an. „Seine besonderen Funde hat er mir nie ge-

zeigt", ärgert sich der Archäologe Kühn. „Ich habe keine überzeugenden Belege bekommen."

Die Kritiker argwöhnen: Vor der Sturmflut von 1362 wird der Name Rungholt nur wenige Male urkundlich erwähnt – in den Büchern der Hanse taucht er nicht auf. So findet sich Rungholt als Adresse auf der Rückseite eines Testaments von 1345.

Weitere Schriftstücke aus dem 13 und 14. Jahrhundert belegen den Handelsverkehr zwischen Flandern, Bremen, Hamburg und der Edomsharde, deren Hafen Rungholt gewesen sein muss. Zudem tauchte eine Handelsvereinbarung mit Hamburger Kaufleuten vom Mai 1361 auf, also wenige Monate vor der Mandränke. Für Duerr ist dieser Mangel indes kein Argument gegen die Größe Rungholts: „Die Verwaltungseinheit war die Edoms-

harde und eben nicht Rungholt. Aber Rungholt war der zentrale Ort."

Kühn ist da skeptischer: „Rungholt war ein Koog und kein zentraler Ort, eher eine eingedeichte Warftgruppe." Er glaubt auch nicht, dass in Sichtweite zur noch existierenden Kirche von Pellworm ein weiteres großes Gotteshaus gestanden hat. Trotzdem war der Ort bedeutend: „Rungholt war damals südlich von Alt-List der einzige Zugang zur freien See", sagt Kühn.

Die Antwort, wer recht hat, dürfte im Watt versunken sein. „Ich erwarte keine neuen Erkenntnisse", sagt der Ethnologe Duerr. „Seit 2004 ist das Watt völlig übersandet." Doch der Wandel im Watt ist es, der auch plötzlich neue Funde ans Tageslicht bringen kann.

Bis dahin wird die Legende weitergewoben, die zu berichten weiß, dass die Bürger Rungholts selbst die Schuld an dem Untergang ihrer Heimat trugen. Die Flut vor 650 Jahren galt als Gottesstrafe für die übermütigen und liederlichen Sünder von Rungholt: Sie hätten Gott gelästert, so heißt es.

Und rauschende,
schwarze, langmähnige Wogen
kommen wie rasende Rosse geflogen.
Trutz, blanke Hans.
Ein einziger Schrei –
die Stadt ist versunken,
und Hunderttausende sind ertrunken.
Wo gestern noch Lärm
und lustiger Tisch,
schwamm andern Tags
der stumme Fisch.
Heut bin ich über Rungholt gefahren,
die Stadt ging unter vor 500 Jahren.
Trutz, blanke Hans?
Duerr glaubt, Rungholt war mindestens doppelt so groß wie Kiel.
Die Sturmflut traf ein Land, das die Pest und Hungersnöte verheert hatten.
Möglicherweise bleibt das Rätsel um Rungholt im Watt begraben

Es geht um Sylts Zukunft

Wie Wissenschaftler des Alfred-Wegener-Institutes in List die Auswirkungen des Klimawandels auf Küsten und Meere erforschen

TEXT: JAN-ERIC LINDNER   FOTOS: MICHAEL RAUHE

N ahezu täglich stoppen Spaziergänger am Zaun des Alfred-Wegener-Institutes am Lister Wattenmeer und blicken auf die 24 beinahe mannshohen, schwarzen, mit Schläuchen verbundenen Kugeln, die dort auf einer Freifläche stehen. Viele mögen sich fragen, was sich in ihnen verbirgt. Die Antwort ist ebenso einfach wie komplex: Die Zukunft der Küsten und Meere. Biologen, Meereskundler und andere Forscher aus aller Welt erkunden in diesen „Mesokosmen", wie sich Klimawandel, eingeschleppte Arten und Veränderungen in Wasser und Luft auf Lebensformen auswirken.

Petra Kadel kennt die Anlage wie kaum eine Zweite. Vor 21 Jahren kam die Biologisch-Technische Assistentin aus Hamburg nach Sylt. Sie betreut die Anlage am Meer. Jede der Kugeln, so erklärt sie, ist mit 1800 Liter Wasser gefüllt. Das Wasser wird durch zwei Starkpumpen immer frisch von der anderen Seite der Düne herübergespült. Kadel: „Die Forscher können Wasserstände, Ebbe und Flut, Temperatur des Wassers, Gas- und ph-Gehalt und Strömungen variieren, um so die Reaktionen von Tieren, Pflanzen und ganzen Lebensgemeinschaften zu ergründen. Die Fragestellung, die dahintersteht: Was bedeutet die Veränderung, die der Mensch dem Meer zumutet, für die Zukunft? Wird das Zusammenspiel in Zukunft so funktionieren wie bisher? Und was, wenn nicht?" Die Mesokosmenanlage des Institutes ist eine der europaweit größten und modernsten Versuchsanordnungen dieser Art. Wissenschaftler aus aller Welt interessieren sich für die Ergebnisse – oder kommen selbst, um hier als Gast zu forschen.

Zurzeit läuft ein Versuch mit Salzwiesen und Seegras. Das AWI-Team von Dr. Tobias Dolch und Dr. Ketil Koop-Jakobsen hatte im nördlichen Wattenmeer Blöcke mit Sediment und Pflanzen aus Seegras- und Salzwiesen ausgestochen und in jeweils zwölf Mesokosmen verfrachtet. Drei Monate lang sind die Gewächse dort Temperaturen und CO_2-Verhältnissen ausgesetzt, wie sie für das Jahr 2100 prognostiziert werden.

Koop-Jakobsen hebt ein wassergetränktes Stück Salzwiese aus einer der Kugeln, zeigt Strandquecke und Queller. „Salzwiesen sind ein gewaltiger CO_2-Speicher", sagt er. „Ähnlich wie die Moore." Mit seiner Forschung möchte der Meeresbiologe herausfinden, wie sich die ober- und unterirdischen Teile entwickeln, wenn das Wasser 3,5 Grad Celsius wärmer ist als heute und der Kohlendioxid-Gehalt in der Atmosphäre sich verdoppelt. Gibt es dann Veränderungen in der Wuchsform oder den mechanischen Eigenschaften der Blätter? Im Wattenmeer ist dazu bisher wenig bekannt. Dabei wären die Antworten wichtig, um die Zukunftschancen dieser Ökosysteme abschätzen zu können.

Salz- und Seegraswiesen sind nicht nur ökologisch wichtige Lebensräume für Tiere und Pflanzen, beide leisten auch einen Beitrag zum Klimaschutz. Sie nehmen CO_2 aus der Atmosphäre auf und speichern einen guten Teil davon als Kohlenstoff im Boden. Koop-Jakobsen. „Wir wollen wissen, ob die Salzwiesen auch künftig Sedimente zurückhalten, wenn sie bei Flut überschwemmt werden. Nur dann wären sie in der Lage, mit dem steigenden Meeresspiegel mitzuwachsen und einen Beitrag zum Küstenschutz zu leisten." Eine Frage, die auch für die Insel Sylt von existenzieller Bedeutung ist.

Bei den Versuchsreihen wird nichts dem Zufall überlassen: „Wir wiederholen jeden Versuch und jede Modifikation sechsfach, um wissenschaftlich belastbare Ergebnisse zu erhalten." In einem Container nahe der 24 Outdoor-Mesokosmen steuert und überwacht sie die Parameter der Kugeln. In einem Gewächshaus ste-

Petra Kadel öffnet eine der 24 „Mesokosmen" – hier wird erforscht, welche Auswirkungen höhere Temperaturen auf die Organismen haben.

hen sechs weitere, damit auch im Winter Versuche gemacht werden können. „Systeme können kippen wie Dominosteine", erläutert die Biologin. „In der Natur gibt es wahnsinnig viele Interaktionen, die am Computer kaum zu berechnen sind. Wir erleben oft Dinge hier, mit denen wir nie gerechnet hätten!" Dabei gibt es immer wieder Anlässe für tröstlichen Optimismus: Kadel: „Die Natur ist erfinderisch, nicht immer haben Veränderungen einen negativen Effekt." So hätten sich in der Nordsee die heimische Miesmuschel und die eingeschleppte asiatische Auster inzwischen gut arrangiert. Die Miesmuschel ist ein wenig in die Tiefe gewandert. Angenehmer Nebeneffekt: Enten können ihr nicht mehr gefährlich werden.

Muscheln, Seegras und Fische sind ebenfalls in der Sylter Anlage mit den Bedingungen einer wärmeren Zukunft konfrontiert worden. In einem Experiment mit Stichlingen haben Lisa Shama und ihr Team festgestellt, dass sich die Umweltbedingungen auf die sexuelle Attraktivität der kleinen Fische auswirken können. Im wärmeren Mesokosmos entschieden sich die Weibchen am liebsten für solche Partner, deren Väter bei höheren Temperaturen aufgewachsen waren – ein Hinweis darauf, dass die Fischeltern auf nicht genetischem Weg Informationen an ihre Nachkommen weitergeben.

All dies bleibt den Spaziergängern am Lister Watt natürlich verborgen. Weil die AWI-Forscher aber zu Recht stolz sind auf Ihre komplexen Forschungsergebnisse wollen sie in Kürze ein Schild mit Erklärungen am Zaun anbringen. 🐧

Alfred-Wegener-Institut (AWI),
Hafenstraße 43, 25992 List/Sylt
www.awi.de/ueber-uns/standorte/sylt.html

AWI: Helmholtz-Zentrum für Polar- und Meeresforschung in List auf Sylt.

Unser Podcast über Sylt

Das Abendblatt macht die Insel und ihre Menschen hörbar – alle 14 Tage neu

Sylt ist eine Insel mit vielen Facetten. Luxushotels und Pensionen, Gourmet-Tempel und Fischbuden, pulsierende Orte und Natur pur. Nobelboutiquen und Teeläden. Reetdach und Hochhaus. Für all diese Gegensätze ist Sylt berühmt. Deshalb kommen hier auch ganz unterschiedliche Menschen her, um Urlaub zu machen – weil für jeden Geschmack etwas geboten wird.

Die Gastgeber auf dieser Insel und die Menschen, die hier Politik machen oder sich in Verbänden engagieren, sollen im neuen Sylt-Podcast vom Hamburger Abendblatt zu Wort kommen. Wir möchten Ihnen in „Sylt – der Podcast" viele interessante Gesprächspartner präsentieren – die ebenso spannend und liebenswert wie diese Insel sind.

Hier kommen Insulaner und Sylt-Liebhaber zu Wort, die witzige Anekdoten zu erzählen haben, sich zu aktuellen Themen äußern, ihre Geheimtipps verraten oder auch spannende News zu verkünden haben.

Zu unsseren Gästen werden Spitzenköche ebenso zählen wie Gastrolegenden, Hoteliers, Unternehmer oder Touristiker. Aber auch Prominente Inselfans wie Kulttrainer Jürgen Klopp, TV-Moderator Johannes B. Kerner oder Comedian Jörg Knör stehen auf der Wunschliste des Sylt-Podcasts unseres Podcast-Gastgebers.

Gastgeber des Podcasts ist Abendblatt-Chefreporter Ulrich Gaßdorf, der seit Jahrzehnten ein Faible für diese Insel hat und auch schon zahlreiche Sylt-Reportagen für das Abendblatt recherchiert und geschrieben hat. Der „Premierengast" unseres gerade erschienenen Podcasts ist Mr. Tourismus von Sylt, Moritz Luft, Geschäftsführer der Sylt Marketing GmbH.

Hören Sie einmal rein! Sie finden den Sylt-Podcast auf abendblatt.de/podcast/sylt, in der Abendblatt-Podcast-App (kostenloser Download in den App-Stores von Apple und Google) sowie auf den gängigen Podcast-Plattformen. Alle 14 Tage gibt es danach jeweils am Sonnabend eine Folge – so erfrischend wie der Wind auf Sylt.

Info: abendblatt.de/podcast/sylt

Ein Schienenbus
der Inselbahn
in den 50er-Jahren
vor Puan Klent

Puan Klent – mit Geschichte in die Zukunft

Erst setzte die Zeit dem Schullandheim auf Sylt stark zu, dann die Pandemie. Doch jetzt ist wieder geöffnet. Ein Ideenwettbewerb für das neue Dünendorf startet im Herbst, gebaut wird von 2022 an

TEXT: ELISABETH WIMMER UND FRIEDERIKE ULRICH

Die Sylter Inselbahn wurde im Volksmund auch „rasende Emma" genannt: Die Dampflokomotiven wurden nach dem Zweiten Weltkrieg durch Modelle mit Dieselantrieb ersetzt.

Abgehender Zug vom Hamburger Ferien

Sylt lebt. Wieder. Die Insel ist seit dem Ende des Lockdowns stark nachgefragt, die Lokale sind voll, die Gästebetten gut gebucht – und auch ins Jugenderholungsheim Puan Klent in Rantum im Süden der Nordseeinsel ist das Leben zurückgekehrt. Seit Himmelfahrt 2021 ist das traditionsreiche Haus mit 390 Betten jetzt wieder geöffnet, seit Juni dürfen auch Erholungsgruppen wiederkommen. Und das tun sie, auch Gruppen aus dem Norden sind dabei. „Das füllt das Haus derzeit so, dass wir gerade jetzt im Juli keine Lücken mehr haben", sagt Horst Bötcher, Vorstandsvorsitzender der Stiftung Puan Klent, die das mehr als 100 Jahre alte Jugendheim auf Sylt betreibt.

Sieben Mitarbeiter wurden aus der Kurzarbeit zurückgeholt, derzeit sucht man noch Verstärkung für das Team der Rezeption – weil sich einzelne Mitarbeiter während des Lockdowns „verständlicherweise umorientiert" hätten, wie der Stiftungschef sagt. Es kämen immer wieder kurzfristig Anfragen, aber man bitte Familien, beispielsweise in den Herbst auszuweichen. „Nachher im August und September, wenn wieder fast ausschließlich Schulklassen das Haus bevölkern, gibt es Lücken, die mal mehr, mal weniger deutlich sind", sagt Bötcher.

Das Geschäft mit den Klassenfahrten hat seit Pandemiebeginn schwer gelitten, davon waren viele Jugendherbergen und Schullandheime betroffen. „Hamburg hat Klassenfahrten bis zu diesen Sommerferien untersagt und in Aussicht gestellt, dass ab August wieder gefahren werden darf", sagt Bötcher. „Wir wissen aber aus anderen Bundesländern, beispielsweise aus Bayern, dass Schulfahrten auch nach den Sommerferien noch nicht wieder stattfinden dürfen oder sollen. Das führt natürlich zu Verwerfungen." Denn

es gebe einige Buchungen aus Bayern, und Absagen seien natürlich ärgerlich, sagt Bötcher. Auch aus Hamburg gebe es Buchungen, „nach den Sommerferien kommen unsere üblichen Stammbelegerschulen wieder mit fünf, sechs Klassen eines Jahrgangs."

Die Hamburger Stiftung hatte im Frühjahr 2020 – noch vor der Pandemie – große Pläne für das Areal mitten in den Dünen vorgestellt. Die Gebäude, in denen schon Generationen von Jugendlichen untergebracht wurden, sind in die Jahre gekommen, die wirtschaftliche Situation war zunehmend schwieriger geworden. Im Dezember 2017 hatte die Stiftung wegen der finanziellen Schieflage schließlich Insolvenzantrag stellen müssen. Doch dank enorm großer Unterstützung von Politikern und vielen Hamburgern mit persönlichen Erinnerungen an ihre Aufenthalte konnte der Insolvenzantrag

wenig später zurückgenommen werden.

In Rantum soll jetzt eine inklusive Begegnungs- und Bildungsstätte entstehen, die sich weiterhin vorrangig an junge Menschen richtet und Programme zur außerschulischen Bildung anbietet – etwa zu den Themen „Wattenmeer, Klimawandel und Raum zum Leben". Vom Bund gibt es laut Bötcher eine Fördermittelzusage über 15 Millionen Euro, die Stiftung selbst muss 1,25 Millionen Euro zur Neuausrichtung beitragen.

Mit diesem Bildungsprogramm will sich das neue Dünendorf Puan Klent von anderen Anbietern deutlich abheben. Vor allem in den Schulferien soll das Dünendorf aber auch für Familien und Senioren offenstehen. Die Kapazität soll künftig bei etwa 350 Betten liegen, geplant sind Vierbettzimmer, aber auch kleinere Zimmer – etwa für Begleitpersonen von Schulklassen. Derzeit gibt es noch

Der 1954 auf Sylt
gebaute Borgward-
Schienenbus bringt
Gäste nach Puan Klent.

Die Tageszeitung wurde täglich
vom Flugzeug aus
über Puan Klent abgeworfen.
Fotos: Stiftung Puan Klent

Puan Klent auf Sylt

Vier- sowie Sechs- und Achtbettzimmer und sogar noch Zwölfbettzimmer. Einige Zimmer verfügen bereits über ein eigenes Bad, andere Gäste müssen sich Gemeinschaftsbäder teilen. Die „Erlebnisdusche", eine Wassersäule mit mehreren Duschköpfen, wird aber künftig laut Bötcher der Vergangenheit angehören, die sei nicht mehr zeitgemäß.

„Die Pläne entstehen derzeit, wir sind gerade dabei, nächste wesentliche Schritte anzugehen. Dazu gehört, dass wir zum Ende des Jahres einen Ideenwettbewerb starten wollen, um dann einen Plan zu haben und zu entscheiden, welche Idee wir umsetzen wollen." Die inhaltliche Konzeption steht fest, der Ideenwettbewerb soll klären, wie Puan Klent ausgestaltet wird. Möglicherweise werde es eine europaweite Ausschreibung geben müssen, sagt der Vorstandsvorsitzende. Die Bestandsbewertung sei abgeschlossen, vermutlich werde man nicht alle Gebäude erhalten können.

Denkbar sei, dass die derzeitige U-förmige Struktur des Areals dadurch aufgeweicht werde.

Gebaut werden soll nur zwischen Oktober und Ende März, der Betrieb werde weiterlaufen. Starten sollen die Arbeiten im Oktober 2022. Das Haus werde ja nicht besser, sagt Bötcher. Natürlich könne man mit Schönheitsreparaturen und kleinen Maßnahmen noch manches über die Zeit retten, aber irgendwann sei das nicht mehr sinnvoll. Der Kostenrahmen für den Umbau stehe fest, jetzt gehe es darum, zu sehen, was man dafür bekommen kann, sagt Bötcher: „Wir werden nicht überall goldene Wasserhähne haben, die brauchen wir aber auch nicht."

Für den Anteil, den die Stiftung aufbringen muss, habe man bereits erste nennenswerte Darlehen eingeworben, sagt der Stiftungsvorsitzende. In diesen Wochen sei zudem die „Dünendorf Puan

Puan Klent heute: Das Hamburger Jugenderholungsheim öffnete wieder nach schweren Zeiten im Sommer 2021.
Foto: Michael Rauhe

Er soll Puan Klent retten: Horst Bötcher

Klent gemeinnützige Aktiengesellschaft" gegründet worden. Im Herbst könne man Aktien mit einem Ausgabepreis von etwa 100 Euro zeichnen. Eine Registrierung dafür ist schon jetzt möglich (duenendorf-puan-klent.de).

Eine wirtschaftliche Schieflage wie vor der Insolvenz gebe es inzwischen nicht mehr, versichert Bötcher. Obwohl die Pandemie die Zahl der Übernachtungen auf etwa 14.300 drückte, nach etwa 43.000 Übernachtungen im Jahr 2019. „In den Zeiten, wo es möglich war, war geöffnet, und wir konnten uns vor Belegung gar nicht retten. Die zwölf Monate betrachtet, konnten wir 2020 aber nur ungefähr ein Drittel eines normalen Jahres realisieren", sagt Horst Bötcher. „Das reicht wirtschaftlich nicht aus. Aber wir müssen attestieren, dass die Hilfen des Staates dazu geführt haben, dass wir am Ende schon noch vernünftig durch die Zeit gekommen sind."

Spätherbst und Winter sind Bötchers Angaben zufolge ohnehin immer ruhige Monate, deshalb spielte der Lockdown in diesem Zeitraum keine große Rolle, anders als im Frühjahr. „Im Herbst haben wir üblicherweise keine Belegung für Gruppen, sind aber auf Anfrage geöffnet", sagt Bötcher. Die Verunsicherung der Lehrerinnen, Lehrer und der Familien sei stark zu spüren gewesen, da sei vieles weggebröckelt für das Frühjahr bis in das zweite Halbjahr 2021.

1919 hatte der Hamburger Jugend-

verband das ehemalige Marine-Barackenlager mitten in den Rantumer Dünen gekauft. 1920 eröffnete er dann das Jugenderholungsheim. Der Name leitet sich von den friesischen Begriffen Paul (Puan) und Kliff (Klent) ab.

Eine große Puan-Klent-Chronik ließ dieses Jahrhundert zum Jubiläum 2020 wieder aufleben. Anhand von Briefen, Fotos, Tagebucheinträgen, Interviews mit Zeitzeugen, Rechnungen, Bauzeichnungen und alten Zeitungsberichten erzählt Chronist und Puan-Klent-Archivar Peter Braasch die Geschichte dieser legendären Anlage, in der Zehntausende Hamburger Schüler die vielleicht schönsten Sommerwochen ihrer Jugend verbracht haben.

Braasch hatte 1995 bereits ein Büchlein zum 75-jährigen Bestehen Puan Klents verfasst. Sein Archiv besteht mittlerweile aus 42 Aktenordnern. Sein neues Werk hat 224 Seiten, ist reich bebildert und vermittelt einen umfangreichen Einblick in die Entwicklung des Jugenderholungsheims – das nie ein Schullandheim war, aber dennoch ein festes Ziel Hamburger Klassenreisen. Dargestellt werden die verschiedenen baulichen Entwicklungen Puan Klents, aber auch der Wandel in der Jugendarbeit, bei der es zunächst um Pflege und Erholung ging, später um Erziehung und Jugendbildung. Durch Briefe und Tagebucheinträge bekommt man auch einen buten Eindruck vom Leben in Puan Klent. Da ist zum Beispiel der in Sütterlin geschriebene Brief eines Gymnasiasten aus dem Hamburger Westen, der sich am Anfang des Aufenthalts darüber beklagte, dass er sein Bett selber machen muss und von dem Personal geduzt wird – aber auch der eines Klassenkameraden, der am Ende ganz begeistert das Erlebte schildert.

Die Verkaufserlöse durch die Chronik „Puan Klent. 100 Jahre Sylter Sand in Hamburger Schulen" (24 Euro, ISBN: 978-3- 944861-20-3) fließen übrigens in den Umbau des Jugenderholungsheimes. So hilft die Geschichte Puan Klents – zumindest ein wenig – der Zukunft.

Ab auf die Insel!
STRANDHOTEL SYLT
IN WESTERLAND AM STRAND

Entspannung direkt am Strand

Herbst beginnt die gemütliche Zeit auf Sylt, die Strände werden etwas leerer, der Wind rauer und die nnenstrahlen goldener. Eine wichtige Sache verändert sich nicht: Vom Strandhotel Sylt hat man einen ntastischen Blick auf die im Herbstlicht schimmernde Nordsee, den langen Sandstrand und die Dünen.

uhe, Entspannung und ein angenehmer Komfort – all das kann man in dieser Jahreszeit auf Deutschlands beliebtester Nordseeinsel und im kleinen, aber feinen Strandhotel genießen. Die gemütlichen Zimmer und Suiten des beliebten aubsdomizils sind der perfekte Rückzugsort für erholungsürftige Urlauber, besonders jetzt in der derzeit schwierigen uation allerorts. Hier kann man seine Sorgen und Ängste „an Rezeption" abgeben und neue Kraft für den Alltag schöpfen, es beim Spaziergang oder im eigenen Strandkorb auf dem Bal-. Auch der mitgebrachte Vierbeiner ist hier nicht nur gedul-, sondern herzlich willkommen. Das Auto wartet sicher in der eleigenen Parkgarage und muss erst bei der Abreise wieder

zum Einsatz kommen, denn das traditionsreiche Haus liegt nicht nur direkt an den Dünen, sondern auch nur einige Gehminuten vom Zentrum Westerlands und seiner beliebten Fußgängerzone Friedrichstraße entfernt. In der jetzigen Nachsaison ist das Hotel garni, das „nur" ein köstliches Frühstück anbietet, bei der Suche nach einem geeigneten Restaurant für das Mittag- oder Abendessen auch gerne behilflich. Wer Sylt auch außerhalb Westerlands kennenlernen möchte, kann das mit einem der vielen Busse tun.

Strandhotel Sylt
Margarethenstraße 9, 25980 Sylt / Westerland
Tel.: 04651 / 838-0
www.sylt-strandhotel.de

Jetzt online buchen oder telefonisch unter: 04651/8380

WWW.SYLT-STRANDHOTEL.DE
Impressum: Strandhotel Sylt | Margarethenstr. 9 | 25980 Sylt/Westerland

Strandkörbe: Vor rund
140 Jahren wurden sie in
Rostock erfunden.

Strandkörbe – und ihre Geheimnisse

Wussten Sie, dass der erste geschützte Strandsessel vor 140 Jahren gebaut wurde – und dass es Exemplare mit Kühlschrank oder Sitzheizung gibt? Hier erfahren Sie mehr …

TEXT: BERNDT RÖTTGER

Haben Sie sich schon einmal beim Blick auf die Nordsee gefragt: Woher kommen eigentlich die Strandkörbe zwischen Westerland und Kampen? Benedikt Kraft hat die Antwort: „Womöglich die meisten Strandkörbe auf Sylt sind von uns." Benedikt Kraft liebt Strandkörbe. Er wuchs in Kellenhusen an der Ostsee und in Ahrensburg auf – und baut mit seinen Firmen jährlich mehrere Zehntausend Strandkörbe. Auch an den Stränden von Norderney und weiten Teilen der Lübecker Bucht findet man die Strandkörbe von der DeVries Gruppe im ostfriesischen Apen, deren Geschäftsführer Kraft ist. Für die aufwendigen Korbflechtungen betreibt die Firma Produktionsstätten in Asien und Polen. „Einen Korb zu flechten dauert zwei Tage", sagt Kraft. In Deutschland wäre das viel zu teuer.

„Der Strandkorb verlängert die Saison im Garten", schwärmt Benedikt Kraft. Denn: In einem Strandkorb könne man geschützt schon im Februar oder März oder auch noch im Spätherbst gemütlich draußen sitzen. Daher hat es sich der Geschäftsmann zur Aufgabe gemacht, nicht nur die Strände mit Körben zu versorgen. Er will den Strandkorb auch in den Garten bringen und hat dafür mit Mr. Deko 2006 eine eigene Firma im schleswig-holsteinischen Delingsdorf gegründet.

Während die Körbe am Strand auf maximale Robustheit und Einfachheit ausgelegt sind, steht bei den Strandkörben für den Garten der Faktor Gemütlichkeit eine wesentliche Rolle: Statt des klassisch blau- oder rot-weißen, wasserfesten Kunststoffbezugs gibt es für den heimischen Garten hochwertige Stoffe in gedeckten Farben. Dem Zubehör für den heimischen Strandkorb sind praktisch keine Grenzen gesetzt: Champagnerkühler, Flaschenhalter oder Kuscheldecken sind im Katalog fast Standard.

„Aber wir haben auch schon etwas verrücktere Anfragen von Kunden, wie etwa den Einbau eines Kühlschrankes unter den Sitz, eine Sitzheizung oder auch eine integrierte Stereoanlage umgesetzt", berichtet Benedikt Kraft. Einem Ehepaar, das viele Jahre lang immer auf Sylt in einem Strandkorb mit der Nummer 22 Urlaub gemacht hat, haben die Mitarbeiter natürlich auch den Wunsch erfüllt und die Zahl 22 angebracht.

Großer Beliebtheit erfreuen sich die Strandkörbe auch in den Zeiten von Corona: „Unsere Kunden berichten, dass sie sich sehr viel mit ihren Laptops draußen zum Arbeiten in den Strandkorb gesetzt haben", sagt Benedikt Kraft. Die Tische der Gartenstrandkörbe sind deutlich größer konzipiert als bei den normalen Strandmodellen. Und: Sie sind so gestaltet, dass man den Tisch beim Aufstehen nicht erst abräumen muss.

Die Strandkörbe für den Garten verkauft Benedikt Kraft in der ganzen Bundesrepublik: „Die meisten Kunden kommen übrigens aus Nordrhein-Westfalen", sagt Benedikt Kraft und verrät: „Die exklusiven, hochwertigen Modelle werden vor allem von Kunden im Alter über 40 gekauft." Die Preise für die rund 80 Kilogramm schweren Strandkörbe variieren zwischen 399 Euro (einfache Ausführung zum Selbstzusammenbauen) bis hin zu 3000 Euro für Exemplare mit edlen Materialien und Liftsystem für die Rücklenlehne). Auch auf Skihütten in Österreich, in Restaurants oder Reisebüros hat Benedikt Kraft die Strandkörbe von Mr. Deko schon entdeckt.

Und wenn Sie sich nach alldem jetzt fragen: Wem haben wir den Strandkorb eigentlich zu verdanken? Wo begann seine Geschichte? Dann lesen Sie hier die Antwort: Die Erfolgsgeschichte des Strandkorbs begann vor knapp 140 Jahren in Rostock.

Eine an Rheuma erkrankte Dame suchte nach einer Sitzgelegenheit, in der sie wettergeschützt das Meer genießen kann. Die Lösung fand sie beim besten Korbmacher Rostocks, Wilhelm Bartelmann. Er entwickelte und baute für sie im Jahr 1882 einen Korbstuhl mit schützendem Dach.

Zuerst wurde er als stehender Wäschekorb verlacht – heute gehört er zu Nord- und Ostsee selbstverständlich wie Sand und Watt.

Einblicke in die Strandkorbproduktion von DeVries in Apen im Landkreis Ammerland: Hier werden die die Bezüge genäht, die Holzkonstruktionen zusammengebaut und die Stoffe angebracht.

Nikolas Häckel vor
dem Rathaus von Sylt
Foto: privat

Der Kümmerer

S Nikolas Häckel wollte mal Koch werden. Stattdessen führt er seine Heimatinsel als Bürgermeister durch die Corona-Krise

TEXT: PETER WENIG

chwieriger kann ein Gang kaum sein. Mit einem Polizeibeamten an der Haustür klingeln, fragen, ob man reinkommen dürfe. Und dann sagen: „Wir haben leider eine sehr traurige Nachricht." Mitglieder von Kriseninterventionsteams übernehmen solche Aufgaben. Nikolas Häckel gehörte dazu. Viele Jahre betreute er Menschen in seelischen Ausnahmesituationen. Etwa Eltern, deren Kind bei einem Autounfall starb.

Leid kennt Häckel auch aus einer anderen Perspektive – als Rettungssanitäter. Er hat Schwerverletzte aus Wracks geborgen, Patienten nach Schlaganfällen durch enge Treppenhäuser getragen. Man kann sagen, dass sich der 47-Jährige mit den Grenzsituationen des menschlichen Lebens auskennt. Und vielleicht qualifizieren ihn diese Erfahrungen mehr für seinen jetzigen Job als das Verwaltungswirt-Diplom.

In den vergangenen anderthalb Jahren war Nikolas Häckel vor allem ein Kümmerer. Als Bürgermeister von Sylt musste er eine der bekanntesten Inseln Deutschlands durch eine Krise manövrieren, die niemand für möglich gehalten hätte. Regionen, die wie Sylt fast ausschließlich vom Tourismus leben, trifft die Pandemie mit voller Wucht. Es geht um Existenzen – vom Strandkorbvermieter über den Restaurantbesitzer bis zum Hotelier. Und es geht um Gesundheit.

Für den passionierten Sportler – Häckel ist ausgebildeter Fitness-

und Entspannungstrainer – bedeutet dies einen ständigen Spagat. „Es gibt hier zwei Interessen, die wir versöhnen müssen. Auf der einen Seite geht es um die Gesundheit, die berechtigte Angst vor einer Ansteckung. Auf der anderen Seite geht es angesichts unserer Abhängigkeit vom Tourismus um wirtschaftliche Existenzfragen", sagt Häckel über sein Amt.

Sein Vorteil: Er kennt sich auch im Gastgewerbe gut aus. Seine Eltern hatten Ferienwohnungen in ihrem Haus auf Sylt. „Meiner Mutter war es sehr wichtig, dass wir einen sehr persönlichen Kontakt zu unseren Gästen pflegen. Wir lebten mit unseren Gästen gewissermaßen zusammen, waren fast rund um die Uhr für sie da", sagt Häckel. Beinahe wäre der Insulaner selbst in die Tourismus-Branche geraten, er wollte Koch werden. Doch die Mutter riet davon ab: „Willst du immer dann arbeiten, wenn die anderen Freizeit haben?" Am Ende entschied ein Schülerpraktikum bei der Stadtverwaltung über Häckels berufliche Zukunft: „Da habe ich Blut geleckt. Ich hatte schnell Kundenkontakt, konnte beraten und helfen. Ich wusste: Verwaltung, da will ich hin."

Der Marsch durch die Instanzen gelang über den zweiten Bildungsweg: 2000 übernahm Häckel nach dem Studium zum Diplom-Verwaltungswirt die Leitung des Sylter Bauverwaltungs- und Planungsamtes, wechselte 2003 in gleicher Funktion nach Kronshagen – eine Gemeinde am Stadtrand von Kiel. Und womöglich wäre Häckel im Kieler Raum weiter unbemerkt von der Öffentlichkeit die Karriereleiter

Die Vita

Nikolas Häckel wurde am 30. März 1974 auf Sylt geboren. Nach Abschluss der Mittleren Reife an der Realschule Sylt macht er von 1991 bis 1994 eine Ausbildung zum Verwaltungsfachangestellten bei der Stadt Westerland. Von 1995 bis 1998 studierte Häckel an der Fachhochschule für Verwaltung, Polizei und Steuerwesen. Von 1999 bis 2003 arbeitete er als Diplom-Verwaltungswirt in Westerland. Anschließend bis 2015 in Kronshagen. Seit Mai 2015 ist er Bürgermeister von Sylt.

hochgestiegen, hätten ihn nicht Freunde 2014 bewogen, in das Rennen um das Sylter Bürgermeisteramt zu gehen. Plötzlich geriet Häckel ins Scheinwerferlicht, was allerdings nicht ihm, sondern seiner Kontrahentin geschuldet war: Gabriele Pauli, die als Fürther Landrätin mit ihren Attacken gegen den damaligen bayerischen Ministerpräsidenten Edmund Stoiber für Schlagzeilen sorgte. Zudem weckte sie mit gewagten Fotos („die Latex-Politikerin") das Interesse des Boulevards.

Die Bilder des Wahlabends vom 14. Dezember 2014 aus dem Sitzungssaal des Rathauses erinnern angesichts des Gedränges von Kameraleuten und Fotografen eher an die Wahl in einer Metropole: Gabriele Pauli holte 30,6 Prozent der Stimmen, Nikolas Häckel landete mit 27 Prozent auf dem zweiten Platz. Vor der Stichwahl setzte Häckel auf seine Verwaltungserfahrung und seine lokale Verwurzelung, sein Insulaner-Stammbaum reicht bis ins 18. Jahrhundert. Der Slogan „Ein Sylter für Sylt" kam an, bei der Stichwahl entschieden sich dann 55 Prozent für ihn.

Einem Journalisten hat Häckel in einem Podcast einmal erzählt, wie sehr ihn dieser Wahlkampf geprägt habe: „Das war ein riesiger Lernprozess, ich hatte ja keinen Medienberater." Zügig habe er begriffen, dass es bei Fernsehinterviews vor allem um schnelle, prägnante Statements gehe. Und dass man immer darauf achten

müsse, wie der Hintergrund bei den Dreharbeiten aussehe.

Häckel, das darf man sagen, hat diese Lektionen gelernt. Bei Telefoninterviews fragt er beiläufig, welches Foto man denn zu drucken gedenke. Ein paar Minuten später mailt Häckel professionelle Bilder. Seine Homepage ist exzellent gemacht, direkt unter seinem Namen steht das Leitmotiv: „Weil es um Sylt geht".

Im Internet nimmt Häckel auch jenen Kritikern den Wind aus den Segeln, die den Politikbetrieb für einen Selbstbedienungsladen halten. Akribisch listet er seine jährlichen Einkünfte auf: vom Bürgermeister-Salär (91.000 Euro brutto) bis zum Sitzungsgeld als Prüfer im Rechnungsausschuss (31 Euro).

Wie groß der Druck auf Häckel ist, zeigte der 2020 viel beachtete Beitrag des auf Sylt lebenden Journalisten Werner Rudi. „Ist diese Insel irre geworden?", fragte der Autor und Medienberater im Hamburger Abendblatt angesichts der Insulaner, die auswärtige Gäste beleidigten. Rudi mokierte sich auch über Vermieter, die Touristen in ihren Autos auf die Insel schmuggelten.

In diesem Spannungsbogen zwischen Sorge um die wirtschaftliche Zukunft und Angst vor möglichen Virenschleudern unter den Gästen musste Häckel die Vermittlerrolle übernehmen. Da kommt es auf jedes Wort an. Auf die Frage, wie sehr er sich über pöbelnde Sylter und uneinsichtige Touristen ärge-

re, korrigiert er die Wortwahl. „Ärgern" sei der falsche Begriff: „Ich habe immer sehr moderat kommuniziert. Nur vor Ostern 2020 habe ich einmal eine schärfere Form gewählt, um deutlich zu machen, dass diese Regeln im Interesse der medizinischen Versorgung respektiert werden müssen. Auf einer Insel ist diese Versorgung naturgemäß begrenzt." Häckel appellierte: „Es geht darum, das Ich dem Wir unterzuordnen und an uns alle zu denken – trotz existenzieller Ängste."

Versöhnen statt spalten, der Kurs von Altbundespräsident Johannes Rau taugt als Leitmotiv für Häckels Endphase seiner ersten Amtszeit. Und dabei geht es natürlich auch um Geld. Die Ausfälle bei Gewerbesteuern und Pachteinnahmen treffen die Gemeinde im Mark. Die Rücklage für die Modernisierung des Rathauses von 8,7 Millionen Euro hat er bereits aufgelöst, zudem einen Kredit von 15 Millionen Euro eingeplant.

Womöglich ist einer wie Häckel gerade in der Krise der richtige Mann: „Im Prinzip bin ich 24 Stunden am Tag erreichbar, wenn es ein Problem gibt." Arbeitstier statt Partygänger, so charakterisiert er sich selbst: „Schon bei den ersten Feten war ich derjenige, der mit dem Eimer zu betrunkenen Klassenkameraden gegangen ist, um zu helfen."

In seinem Amt habe er lernen müssen, auch mal abzuschalten: „Das ist nicht einfach, wenn man so sehr wie ich für seinen Job brennt." Ausgleich findet der Single beim Sport, bei Ausritten über die Insel, beim Yoga und bei Meditationen. Zweimal im Monat absolviert er 24-Stunden-Schichten als Rettungssanitäter auf Sylt und in Kiel. Der Dienst in Extremsituationen lehrt Demut. Und nährt die Hoffnung auf bessere Zeiten. Häckel jedenfalls ist überzeugt, dass die Corona-Krise für Sylt auch eine Chance bedeutet. Oft hat er in den vergangenen Jahren vor den negativen Folgen eines alles überbordenden Tourismus gewarnt, Sylt müsse sich nachhaltiger und klimafreundlicher aufstellen. Das Weltkulturerbe Wattenmeer sei nun ein enormes Pfund im Kampf um Gäste in einer Branche, die sich viel stärker in Richtung Inlandstourismus verändern werde. Genau auf diesen Kurs setzt Häckel – auch nach seiner Wiederwahl im März 2021.

Die 40 Kilometer feiner, weißer Sandstrand sind einer der größten Trümpfe der Insel Sylt. Foto: Getty Images

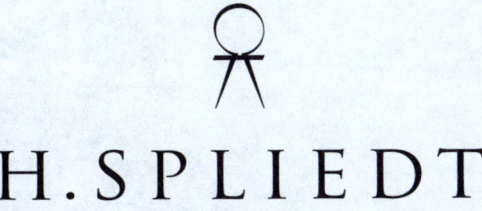

Von Ibiza nach Sylt

Der neue
A-Rosa-Chef Marc
Hoffmann mit seiner
Hündin Siri, einem
Pointerboxermix
Foto: A-rosa

D

Marokko, Griechenland, Kitzbühel –
Marc Hoffmann ist viel herumgekommen.
Jetzt leitet er das A-Rosa in List

TEXT: ULRICH GASSDORF

ass sein Arbeitsplatz in einer beliebten Urlaubsdestination liegt, gehört bei Marc Hoffmann schon zum Programm. Der 38-Jährige ist seit Sommer 2020 der neue Direktor vom A-Rosa-Resort auf der Insel Sylt, zuvor hat er im Ausland an zahlreichen Orten gearbeitet, an denen Menschen ihre Ferien verbringen. Sein Vorgänger war Eckart Pfannkuchen, der jetzt das Steigenberger Treudelberg in Hamburg führt.

Vor dem Wechsel auf die Nordseeinsel hat Hoffmann ein Boutique-Hotel auf der spanischen Partyinsel Ibiza mitentwickelt und geleitet. Weitere Stationen waren als Direktor in Robinson Clubs in Marokko und Griechenland. Bereits mit 29 Jahren war Hoffmann Vizedirektor vom A-Rosa im österreichischen Nobelskiort Kitzbühel, und davor hat er ausgiebig in Vier- und Fünfsternehotels in der Schweiz, in München und Frankfurt gearbeitet. „Ich wollte die gesamte Bandbreite der Branche kennenlernen. Das heißt, zunächst habe ich mir die Stadthotellerie angeschaut, und danach bin ich in die Ferienhotellerie gewechselt", sagt der Rheinländer.

Dass ihn andere Länder und Kulturen interessieren, wurde ihm sozusagen in die Wiege gelegt. Das lag am Beruf der Eltern, die Mutter Lufthansa-Stewardess und der Vater ein erfolgreicher Reisemanager. Nach seiner Geburt im Rheinland lebte die Familie auf Ibiza und in Kroatien. Später wieder in Haan unweit von Düsseldorf, aber auch ein Abstecher nach Kenia gehörte zu seiner Jugend. „Ich habe gemerkt, dass ich gut mit Menschen kann, und deshalb habe ich ein Praktikum im Lindner Airport in Düsseldorf gemacht und dort dann später auch die Ausbildung zum Hotelfachmann." Nachdem Hoffmann insgesamt rund neun

Jahre im Ausland gearbeitet hatte, zog es ihn zurück in die Heimat. Nun ist er auf Deutschlands prominentester Ferieninsel angekommen. Das Fünf-Sterne-Superior-Hotel mit 177 Zimmern und 120 Mitarbeitern in List ist nun sein Wirkungsfeld. „Ich fühle mich sehr wohl, habe ein tolles Team. Das Hotel hat ein großes Potenzial, und die Insel hat es mir sofort angetan. Mir war es wichtig, dass ich nach meinem Nomadenleben einen Ort finde, an dem ich endlich mal richtig ankomme."

Für sein Lieblingshobby Wellenreiten findet er hier die besten Voraussetzungen, und mit Hündin Siri – der Pointerboxermix ist seit fünf Jahren an seiner Seite – stehen ausgiebige Spaziergänge im Naturschutzgebiet Ellenbogen auf dem Programm. Aber vor allen Dingen widmet er sich seiner neuen beruflichen Herausforderung, es steht einiges an: Vor einem Monat wurde im A-Rosa The Fish Club eröffnet. Seit der Eröffnung vor zehn Jahren hat das Haus gastronomisch einiges erlebt.

Vor seinem Anritt auf Sylt machte er Straßenmusik in Indien

Teilweise hatte das A-Rosa zwei Sternerestaurants gleichzeitig. Das ist aber geraume Zeit her. Neben dem Dünenrestaurant gab es zuletzt das Spices by Tim Raue als weiteres Lokal. Doch die Kooperation mit dem Berliner Starkoch endete im September vergangenen Jahres. Jetzt ist in diesen Räumen The Fish Club inklusive Housemusik und einer Menükarte, die als Flaschenpost serviert wird, eingezogen.

Lokalkolorit vermitteln die überdimensionalen Porträtfotos von Sylter Urgesteinen, die die Wände zieren. Bei der Einrichtung wurde auf warme Bronze-,

Gold- und Grüntöne gesetzt. „Wir wollen keine Auszeichnungen in Gourmetführern oder Sterne erkochen. Wir wollen einfach nur ganz nah am Gast sein und eine Wohlfühlatmosphäre vermitteln. Natürlich gehört dazu auch eine besondere Küche, und wie es der Name schon sagt, geht es hier natürlich passend zum Standort um Fisch", sagt Hoffmann. Am Herd steht Dirk Seiger, der zuvor viele Jahre im Sternerestaurant Budenbrooks im A-Rosa in Travemünde gekocht hat. Die Ansprüche der Urlauber auf der Nordseeinsel sind hoch, deshalb wurden gerade drei neue Saunen im Wellnessbereich eingeweiht, weitere Investitionen ins Produkt sind geplant.

Marc Hoffmann ist ein interessanter und offener Gesprächspartner. Ein Mann mit vielen Facetten. Als er in der Schweiz gearbeitet hat, war er nebenbei als Türsteher tätig und hat zahlreiche Titel im Kampfsport gewonnen. 2017 hat er sich ein halbes Jahr Auszeit genommen und ist mit einem Kleinbus samt Hündin Siri durch Europa gefahren. Vor seinem neuen beruflichen Engagement auf der Nordseeinsel Sylt tingelte Marc Hoffmann durch Indien und hat dort mit einem Freund – er selber spielt Gitarre – Straßenmusik gemacht.

„Auf meinen Reisen möchte ich andere Kulturen und natürlich die Einheimischen kennenlernen. Mich interessieren Orte, die authentisch und nicht nur durch den Tourismus gewachsen sind." Er selber beschreibt sich als weltoffen, impulsiv und als guten Menschen. „Ich habe natürlich den Anspruch, auch ein guter Chef zu sein. „Ich habe mich selber hochgearbeitet, und wichtig ist es, dass man sich nicht als etwas Besseres als die Mitarbeiter sieht." Auf Sylt fühlt sich der Hotelier „angekommen".

In den Norden – der Liebe wegen

Angelika Stranner hat schon in Kitzbühel und auf den Kanaren gearbeitet. Jetzt übernahm sie ein modernisiertes 72-Zimmer-Haus in Westerland

TEXT: ULRICH GASSDORF

Angelika Stranner vom Wyn Hotel in Westerland auf Sylt

Das Meer hat Angelika Stranner immer im Blick, wenn die 35-Jährige an ihrem Arbeitsplatz ist. Seit Anfang Juni 2021 ist die Österreicherin Direktorin des Wyn Strandhotels in Westerland. Zum Gespräch mit dem Abendblatt empfängt Stranner in der Spa-Lounge in der fünften Etage. Die Nordsee und der endlos lange Sandstrand liegen einem von hier oben zu Füßen. „Es ist ein Privileg, dort zu arbeiten, wo andere Urlaub machen. Aber andererseits ist es auch ein ganz normaler Job, und in erster Linie geht es darum, das Team und das Hotel erfolgreich zu führen", sagt die gebürtige Oberkärntnerin.

Nachdem Stranner das Kolleg für Tourismus und Freizeitwirtschaft in Villach absolviert hatte, startete sie zunächst als Rezeptionistin im Falkensteiner Club Funimation am Katschberg. Die Urlaubshotellerie zieht sich wie ein roter Faden durch ihr Berufsleben. Drei Jahre lang arbeitete Stranner im österreichischen Kitzbühel, und danach ging es für vier Jahre auf die spanische Insel Fuerteventura. Dort war Stranner in den beiden Robinson Clubs tätig.

„Ich habe die Zeit in Spanien sehr genossen und auch viele Einheimische kennengelernt", sagt Angelika Stranner. Aber schließlich ging es zurück nach Österreich. Im September 2017 wurde Stranner Direktorin des Loisium Wine&Spa Resorts in Langenlois im Kamptal. Und 2020 wechselte sie zur Adina-Gruppe – und damit in die Stadthotellerie. „Ich war als Relief General Manager tätig. Das

heißt, ich wurde in verschiedenen Häusern immer für ein paar Wochen eingesetzt, wenn der Direktor dort vertreten werden musste. Das war eine spannende Zeit."

Ihr Herz schlug aber immer noch für Urlaubsdestinationen. Der Liebe wegen hat Stranner ihren Lebensmittelpunkt im Sommer 2020 nach Büsum verlegt. Als dann die Offerte kam, den Direktorinnenposten in Westerland zu übernehmen, war für die Österreicherin klar: „Ich wollte den Job unbedingt haben. Das Wyn wurde erst im Sommer 2019 eröffnet und war wegen Corona insgesamt rund ein Jahr geschlossen. Deshalb ist es nun meine Aufgabe, das Haus auf der Insel zu positionieren." Das Wyn gehört zur Arcona-Gruppe, die sieben Hotels

in Deutschland und Österreich betreibt. Das Hotel mit Restaurant und Wellnessbereich direkt an der Strandpromenade hat 72 Zimmer und war vor der umfangreichen Modernisierung das BASF-Hotel Haus Westerland.

Eine der Herausforderungen für die Neu-Sylterin: „Wir hatten auch vor Corona schon einen deutlichen Fachkräftemangel, und das Jahr 2020 hat die Situation in unserer Branche nicht verbessert. Das ist auch auf Sylt ein großes Thema. Aber zum Glück haben wir ein tolles Team mit rund 50 Mitarbeitern und ziehen alle gemeinsam an einem Strang. Unsere Motivation ist es, die Gäste jeden Tag aufs Neue glücklich zu machen." Denn der Urlaub sei immer noch die schönste Zeit des Jahres.

WOHIN?

Hotels,
Restaurants und
noch viel mehr
Sylt-Tipps

Mit dem Rad

Die lang gezogene Nordseeinsel bietet 200 Kilometer Radwege und mit der stillgelegten Inselbahntrasse sogar einen regelrechten Fahrrad-Highway. Eine Nord-Süd-Tour ist allerdings eher ein Fall für durchtrainierte Beine, vor allem bei steifer Brise aus der falschen Richtung. Es hat schon einen Grund, warum der Linienbus Fahrradplätze bietet ... Schauen wir uns als Beispiel mal eine Tour in den Inselsüden an: Start und Ziel ist der Bahnhof in Westerland, die Strecke misst 41,5 Kilometer. Man kommt in rund drei Stunden nicht nur durch die Sylter Dünenlandschaft, sondern radelt auch über den Deich des Rantumbeckens und durch die Tinnumer Wiesen. Auf dem Hinweg geht es parallel zur Straße auf dem asphaltierten Fahrradweg entlang schnurstracks nach Hörnum. Nach einer kleinen Rundfahrt durch den Ort folgt man dann der alten Inselbahntrasse, die ein wenig abseits der Straße durch die Dünenlandschaft führt, zurück in Richtung Rantum. Dieser Weg besteht zum größten Teil aus Schotter und eignet sich nicht für Rennräder mit schmalen Reifen. In Rantum angekommen, biegt man von der Hauptstraße ab und radelt auf dem Deich am Rantumer Hafen vorbei um das Rantumbecken (viele Vögel!) herum. Auf der anderen Seite des Beckens geht es schließlich durch die Tinnumer Wiesen am Tierpark und der Tinnumburg vorbei zurück zum Bahnhof Westerland.

sylt.de/entdecken/sport/radfahren

Rad fahren, wandern
oder einfach den schönsten
Sonnenuntergang
des Nordens genießen ...

ABENTEUER

Wandern an der Hörnumer Südspitze

Das Meer hat sich an diesem Tag weit zurückgezogen. Große Flächen sind trockengefallen, die Südspitze von Sylt erstreckt sich nun scheinbar bis zum Horizont. Vom Watt aus ist ein eher seltenes Bild zu sehen: das Tetrapodenwerk, dahinter Reetdächer, der Hörnumer Leuchtturm, eine feine Dünenkette bis in den Südosten.

Tatsächlich bietet eine Wanderung zur Südspitze Sylts, der Hörnum Odde, sowohl bei Ebbe als auch bei Flut spektakuläre Perspektiven. Die 5,3 Kilometer lange Tour startet auf dem Parkplatz im Hörnumer Hafen und führt genau dorthin wieder zurück. Wo Wattenmeer und offene See im Süden Sylts aufeinandertreffen, lässt sich die Dynamik der Naturkräfte nur erahnen. Der „Blanke Hans" nagt mit Vehemenz an der Sandsubstanz der Insel, weshalb hier jedes Jahr gut eine Million Kubikmeter Sand aufgespült werden muss.

Auf der Wanderung, die durch Dünen- und Heidelandschaft führt, können je nach Jahreszeit Küstenseeschwalben und Sandregenpfeifer beobachtet werden. Und mit Meerblick kann man schließlich im Restaurant Südkap einkehren.

sylt.de/entdecken/sport/radfahren

Über Nacht

Nach einem Strandtag verlässt man die herrliche Dünenlandschaft im Sylter Süden nur ungern. Wer auf dem Hörnumer Campingplatz Urlaub macht, muss das auch gar nicht. Denn dort stehen Wohnwagen, Wohnmobile und Zelte mitten in den Dünen, direkt am kilometerlangen, weißen Sandstrand. Das hat schon morgens seinen eigenen Reiz: Nach dem Aufwachen kann man zwischen der Dusche oder dem Sprung in die frische Nordsee wählen, die nur ein paar hölzerne Treppenstufen entfernt ist. Der „Campingplatz Hörnum" (3 ADAC-Sterne) wird vor allem wegen seiner Naturnähe und unkomplizierten Atmosphäre geliebt. Die bewachten Badestrände mit Hund- und FKK-Abschnitten sind nicht weit entfernt. Eine malerische Landschaft lädt zu ausgedehnten Strandspaziergängen ein, vom Hörnumer Hafen aus legen Ausflugsschiffe zu den Nachbarinseln Amrum und Föhr sowie den Halligen ab. Die Schutzstation Wattenmeer bietet neben einer Ausstellung auch naturkundliche Exkursionen an. Und wer hoch hinaus möchte, kann auf einer Führung den Leuchtturm erkunden. Für Campingfreunde ohne „Anhang" stehen komplett eingerichtete Mietwohnwagen zur Verfügung. Der Platz bietet 200 Stellplätze, 36 davon sind für Wohnmobile und liegen etwa 200 Meter weiter südlich, einen Aufenthaltsraum, WLAN-Zugang, eine Entsorgungsstation und Waschmaschinen. Für das leibliche Wohl sorgt das Camping-Restaurant Straend. ⬡

Hörnum/Sylt, Rantumer Straße 31, Tel. 83 58 431, hoernum.de, geöffnet 1. April bis 31. Oktober

Auf dem Wasser

Selbstverständlich ist Sylt ein Wassersportmekka. Immerhin findet hier am Brandenburger Strand jedes Jahr, außer zu Corona, der World Cup statt. Ob Wellenreiten, Windsurfen, Kiten, Katamaranfahren oder Stand-up-Paddling. Hier ist alles möglich. Zum Beispiel bei der Surfschule Ride on in Rantum. Das Stehrevier eignet sich perfekt für Schulungen. ⬡

surfschulesylt.de.

Sonnenuntergang

Klar – die ganze Westseite von Sylt ist mit seinen kilometerlangen Stränden ein Hotspot für einen Sonnenuntergang. Aber auch auf der beliebten Nordseeinsel gibt es noch so etwas wie Geheimtipps. Ganz leger geht es beim Sundowner im Kap-Horn zu. Das südlichste Strandrestaurant am Weststrand liegt inmitten der Hörnumer Dünen, nur wenige Meter vom Sandstrand entfernt. Das schlichte Holzgebäude bietet absolute Wohlfühlatmosphäre und nordisches Flair. Besonders schön ist es, von einem der Strandkörbe aus geschützt und vor Wind und Wetter einen der grandiosen Sonnenuntergänge zu beobachten. Ein gutes Essen, ein Glas kühlen Weißwein mit dem Blick auf das Meer – so kann man den Abend auf romantische Weise ausklingen lassen. Wer keinen Platz mehr bekommt, der setzt sich mit seinem Glas einfach in den noch sommerlich warmen Sand. ⬡

kap-horn-sylt.de; www.sylt.de

Mit dem Hund

Die Insel ist ein Paradies für Vierbeiner. Inselweit gibt es 17 ausgewiesene Hundestrände und drei Auslaufflächen. Umgeben von Dünenlandschaft liegt beispielsweise Lists Weststrand an der offenen Nordsee. Dort kann unabhängig von Ebbe und Flut bei herrlicher Brandung gebadet werden – Hund und Herrchen oder Frauchen haben die Strandabschnitte 17 und 19 für sich. Auch die Gegend um Rantum ist mit ihren fünf Hundestränden, unter anderem Samoa und Sansibar, eine gute Wahl. Wer mit seinem Hund die 200 Kilometer Radwege erkunden oder einfach nur per Drahtesel an den Strand strampeln möchte, der mietet sich den komfortablen „Hundekutter" (elektrisches Lastenfahrrad) unter Tel. 04651/9676670, www.hundekutter-sylt.de

⬡ sylt.de/sylturlaub-ist/hundelieb#c13109

Severin*s in Keitum

Eingebettet in das hübsche Sylter Dorf Keitum und nur wenige Meter von der Nordsee (Wattseite) entfernt, hat sich mit dem Severin*s ein Luxushotel im typischen Friesendesign etabliert. Unter dem 5000 Quadratmeter großen Reetdach findet man nicht nur geräumige Unterkünfte im modernen Landhausstil, sondern auch einen ausgedehnten Spa-Bereich (wie der in Corona-Zeiten genutzt werden darf, bitte aktuell erfragen). Es gibt 62 luxuriöse Zimmer und Suiten sowie 22 Apartments und fünf Villen. Mit dem „Tipken's" und dem „Hoog" stehen gleich zwei kulinarische Alternativen zur Wahl. Küchenchef Normen Eller setzt je nach Restaurant auf regionale Produkte oder Aromen aus aller Welt. Sommelier Sebastian Kesting ist Herr über den großen Weinkeller. Auch Kinder sind im Severin*s gern gesehene Gäste.

Severin*s Resort & Spa, Am Tipkenhoog 18, 25980 Keitum/Sylt, Tel. 04651/46 06 60, www.severins-sylt.de

---

Übernachtungsmöglichkeiten gibt es auf Sylt fast so viele wie Sand am Meer. Wir haben hier eine kleine Auswahl an Tipps zwischen List und Hörnum

HOTELS

Söl'ring Hof in Rantum

Eine der exklusivsten Adressen auf der Insel Sylt ist der Söl'ring Hof. Das kleine, feine und reetgedeckte Fünfsternehaus mit dem persönlichen Service liegt etwas abseits in Rantum. Wer hier absteigt, fühlt sich nicht wie in einem Hotel, sondern eher als Gast in einem noblen privaten Anwesen. Das liegt auch daran, dass im Söl'ring Hof nur insgesamt 15 nobel eingerichtete Zimmer, Suiten und Maisonettes zur Verfügung stehen – einige haben einen Kamin. Zu jedem Zimmer gehört ein eigener Strandkorb. Wer hier wohnt, dem liegt der endlose Sandstrand zu Füßen, und der Blick auf die Nordsee ist grandios – auf dem Fensterbrett steht ein Fernglas bereit. Und damit die Gäste ganz entspannt in den Tag starten, wird das opulente Frühstück „Open End" serviert. Abschalten kann man in der kleinen Wellnessoase mit finnischer Sauna und Dampfbad.

Auch Feinschmecker sind bestens aufgehoben im Söl'ring Hof. Die werden von Gastgeber Johannes King und Küchenchef Jan-Philipp Berner samt ihrem Team im hauseigenen Zweisternerestaurant kulinarisch verwöhnt. Sommelière Bärbel Ring empfiehlt den passenden Wein zum Menü – im Keller lagern rund 5000 Flaschen. Nach dem Essen bietet sich ein Besuch der eleganten Kaminbar an.

Söl'ring Hof, Am Sandwall 1, 25980 Sylt/Rantum, Tel. 04651/83 62 00, soelring-hof.de

Foto: Sauerke Hotel Strand

Hotel Hof Galerie in Morsum

Es muss nicht immer Düne und Kampen sein: Die Sylter Wattseite und Morsum haben auch ihre besonderen Reize – und sind meist deutlich leerer. Das Hotel Hof Galerie in Morsum ist ein luxuriöses All-Suite-Hotel in einem denkmalgeschützten Gebäude von 1906 mit modernem Anbau. Die insgesamt 20 Suiten wurden individuell mit Werken von auf Sylt lebenden Künstlern ausgestattet. Das Hotel hat einen Wellnessbereich mit Dampfbad, Sauna, Infrarotwärmekabine sowie Schwimmbad und einen schicken Swimmingpool im großen Terrassenbereich. Direkt gegenüber befindet sich das zum Hotel gehörende Café Ingwersen. Im idyllischen Obstbauerngarten sitzt man fast wie im heimischen Garten. Hier gibt es nicht nur Frühstück, nachmittags gibt es Torten, am Abend eine abwechslungsreiche Bistrokarte mit regionaler Küche. Das Hotel Hof Galerie liegt zwei Gehminuten vom Bahnhof Morsum entfernt. Bis zu den Stränden der Westküste sind es elf Kilometer.

Hotel Hof Galerie, Serkwai 1, 25980 Morsum/Sylt,
Tel. 04651 95 70 50, www.hotelhofgalerie.de

Strand in List

Das Hotel Strand besticht durch seine einzigartige Lage im Lister Königshafen – und einem hauseigenen Zugang zum öffentlichen Strand. Neben dem bestechenden Blick über das Wattenmeer, auf den Sylter Ellenbogen und die Lister Bucht gibt es das ganze Jahr Ruhe und Erholung pur. Insgesamt gibt es 15 Apartments mit Galeriegeschoss und zwei Balkonen sowie Doppelzimmer und Suiten mit eigener Terrasse oder großem Panoramafenster mit Blick auf die See. Das Strand hat einen großen, modernen Wellnessbereich sowie einen eigenen Schwimmteich und eine eigene Wassersportschule. Im 2020 eröffneten Kleinen Strand gibt es acht weitere Maisonette-Suiten.

Hotel Strand am Königshafen, Hafenstraße 41,
25992 List/Sylt, Tel. 04651 88 97 50,
hotel-strand-sylt.de

Kojen für Kinder

Von Weitem, in kleine Kojen gekuschelt, das Rauschen der Nordsee hören – besser geht es nicht. Möglich ist das im Dorint Strandhotel in Westerland. In einigen Familiensuiten gibt es ein separates Kinderzimmer mit Kojen. Viele Zimmer haben Dünenblick. Wer hier im Bett liegt, auf die Dünen schaut und die Wellen hört, will nie wieder weg.

Dorint Strandhotel, Schützenstraße
20–24 , Westerland/Sylt, Tel. 04651 85 00,
hotel-sylt-westerland.dorint.com/de

Hotel 54° Nord in Hörnum

Der Name des Hauses Hotel 54° Nord ist eigentlich die Lagebestimmung: Das Hotel befindet sich im Herzen von Hörnum und gleichzeitig im wohl ältesten Haus des Ortes: dem einstigen Hapag-Haus, der Hamburger Reederei Hapag, die nicht nur nach Amerika fuhr, sondern einst auch Hamburg und Sylt auf dem Seeweg verband. Gleichzeitig befand sich hier von 1888 an der südliche Endbahnhof der Inselbahn.

Seit 2013 ist das Haus ein schickes Designhotel mit insgesamt 22 Zimmern und Wellnessbereich. In einigen Ecken und Nischen scheint die alte Bausubstanz noch durch und erinnert an die Geschichte des Hauses. Auch das Hotelrestaurant Bistro Dock 2 nimmt die Geschichte spielerisch auf: Der Tresen besteht aus einem Teil eines alten Hapag-Lloyd-Containers.

Hotel 54° Nord , Strandstraße 2, 25997 Hörnum /Sylt
Tel. 4651 44 91 70, www.hotel54gradnord.de

Speisen wie auf einem alten Kreuzfahrtdampfer

Kampen. Möwen kreisen über den Dünen auf dem Roten Kliff. Die Halme bewegen sich im Wind. Das Rascheln klingt bis zum Odin Deli. Dort speisen die Besucher wie auf hoher See, haben aber festen Boden unter den Füßen. Der Rundbogen in der Mitte erinnert an das Heck des Salonschnelldampfers „SS Odin", auf dem die Eheleute Thams in den 1920er-Jahren an einer Kreuzfahrt teilnahmen. 1927 errichteten sie dann das Schiffshaus, um ihre Erinnerung wachzuhalten. Jörn Steffen und Sigrid Rothbart übernahmen das Deli, hauchten ihm sogar noch mehr vom Atem Odins ein: Sie renovierten den Speisesaal im Stil des alten Kreuzfahrtschiffs, stellten quadratische Tische und Holzstühle auf. Auf die Karte setzten die neuen Betreiber Fischeintopf (14,50 Euro) und Tatar vom Husumer Weiderind (15 Euro). Auch südafrikanische Kost bereitet die Küche zu, darunter das Nationalgericht Bobotie (19,50 Euro) und Muscheln in Cape Malay Curry (21,50 Euro).

Odin Deli, Strönwai 10 in Kampen, warme Küche täglich von 10 bis 22 Uhr, odin-deli.com

Gaumenfreuden für Urlauber und Insulaner, Speisen mit Blick auf die Nordsee, den Hafen oder eine Dünenlandschaft? Die Insel Sylt macht diese Träume möglich. Tipps der Redaktion.

TEXTE: LAURA KOSANKE

RESTAURANTS

Das Odin Deli in Kampen.

In zwei Minuten vom Bahnhof zum Toprestaurant

Westerland. Die Reise startet am Bahnhof in Altona. Dort fährt der Zug raus aus der Hansestadt, vorbei an grünen Wiesen und weißer Gischt, hin zum Bahnhof Sylt (Westerland). Drei Stunden Fahrt machen hungrig. Gut, dass das beste Restaurant der Insel nur zwei Gehminuten entfernt ist. Das Tellerrand führt im Touristikportal TripAdvisor die heimische Bestenliste an.

In der Küche kombiniert Jan Sander die deutsche mit der eurasiatischen Kost. Restaurantleiter Tim Högy unterstützt ihn dabei. Sie servieren Sesam-Gnocchi (26,50 Euro) und Blutwurst mit Wasabi-Püree (14 Euro). Wer sich nicht über den Tellerrand lehnen möchte, bekommt Seezunge mit Stampf (47,50 Euro). Frisch gestärkt können Küstenfans sich in Richtung Westen aufmachen. Sie lassen den Bahnhof hinter sich und laufen zehn Minuten zum Strand.

Tellerrand, St. Nicolai-Straße 1 in Westerland, Bar ab 17 Uhr, warme Küche von 18 bis 22 Uhr, tellerrand-sylt.de

BeachHouse

Westerland. Die Aussicht auf Strand und Meer ist per se schön. Aber traumhafter als der Blick aus dem BeachHouse, hoch auf den Dünen, wird es nicht. Wenn bei Sylt die rote Sonne im Meer versinkt und man auf der Terrasse (80 Plätze), James Lasts „Biscaya" im Ohr und die weite Nordsee vor Augen, einen hauseigenen BeachHouse-Secco rosé nippt oder einen guten Tropfen aus der umfangreichen Weinkarte wählt, wird jeder zum Sylt-Fan, ich schwöre! Die Sansibar ein paar Kilometer weiter Richtung Rantum ist zu Recht Deutschlands legendärste Strandhütte, aber das seit 2015 mit Leidenschaft und Ambition von Jan Scharfe geführte BeachHouse ist auch ganz weit oben. Nicht nur lagemäßig, wobei man von der Promenade kommend ein paar Stufen nehmen muss. Fischgerichte, vor allem Kabeljau und Steinbutt, sind beliebte Klassiker, aber auch die (vegetarischen) Bowls sind ein Genuss. Die pandemiebedingte Schließung hat Jan Scharfe zur Sanierung genutzt, unter anderem im Restaurant (120 Plätze) eine Kombination aus Klimaanlage und Luftreinigern installiert. „Wir werden Lebensart und Genuss nach der Krise noch mehr schätzen", sagt der Gastronom in großer Vorfreude auf seine Gäste. Ja, Die Ärzte wussten es schon immer: Ich will zurück nach Westerland.
BeachHouse, Käpt'n-Christians-Straße 41a, Westerland, Di–So ab 11.30 Uhr, Tel. 04651/288 78, beachhouse-sylt.de

Anker setzen im Hafen

Hörnum. Am Südufer kreischen Möwen. Sie schweben über dem Deich und blicken auf das Hafenrestaurant Möller's Anker. Im Innenraum stehen Holzbänke mit gestreiften Kissen. An der Wand hängen Surfbretter und bunte Fische, die der Chef, Thorsten Möller, persönlich ausgesucht hat.

Er bringt seinen Gästen große Teller mit Lachs-Tatar und Kapernäpfel (16,50 Euro) oder Lammklopse mit geschmorrter Bete (29 Euro). Freitags ist Miesmuscheltag (24 Euro). Wer ganz auf Fisch und Fleisch verzichten möchte, bestellt Räuchertofu-Bolognese (21 Euro) aus regionalem Anbau und in Bioqualität. Dazu serviert Möller einen passenden Wein. Rund 50 Sorten stehen auf seiner Karte zur Auswahl.
Möller's Anker, Blankes Tälchen 8 in Hörnum, Mo 17 bis 22 Uhr, Di bis Sa 12 bis 14.30 Uhr und 17.30 bis 22 Uhr, moellers-anker.de

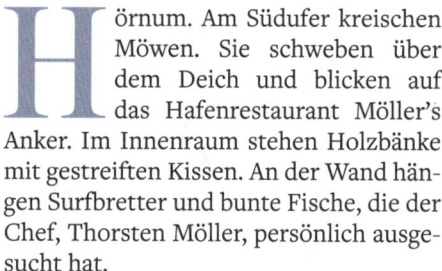

Rustikales von einem Urlauber für Urlauber

Kampen. Genug von der Küste und vom Wellengang? Dann lockt der alte Dorfkrug ins Innere der Insel. Das Traditionshaus mit dem braunen Reetdach ist seit 1876 eine Institution im Örtchen. Viele Jahre betrieb das Ehepaar Stoltenberg das Restaurant, doch dann zog es aus. Als Thomas Samson im Urlaub vom Leerstand erfuhr, entschied er, es zu übernehmen. Er setzte mit seiner Lebensgefährtin ein Grill & Bar-Konzept um, das im Dezember fünfjähriges Gastro-Bestehen feiert.

Die Gäste stellen sich ihre Gerichte im „Baukastenprinzip" zusammen. Die Hauptgänge – mehr Fisch als Fleisch – kommen vom Grill. Zu norwegischem Fijordlachs (32 Euro) oder Steinbutt (59 Euro) stehen verschiedene Saucen und Beilagen zur Wahl. Den Abend lassen sie an der blau lackierten Bar ausklingen.
Dorfkrug, Braderuper Weg 3 in Kampen, warme Küche täglich von 12 bis 23 Uhr, dorfkrug-kampen.com

Strandidyll im Norden der Insel

List. Auf dem Weg zum nördlichsten Zipfel Sylts taucht er auf. Ein Farbklecks, lilafarben wie die blühende Heide, inmitten der Dünenlandschaft. Es ist das Restaurant Wonnemeyer Weststrandhalle, welches der Familie Wonneberger und Meyer gehört. Neben dem Standort in List betreiben die Wonnemeyers auch einen Standort in Wenningstedt.

Als die Familie die Strandhalle übernahm, erinnerte das Ambiente eher an eine Skihütte als ein lauschiges Küstenplätzchen. Österreicher hatten das Lokal 30 Jahre lang im Alpenstil geführt. Nun werben die Wonnemeyers mit „feinheimischen Zutaten" aus der Region, zum Beispiel Katenschicken aus dem Kreis Steinburg und Käse aus der Husumer Nachbarschaft. Krabben und Matjes stammen aus der Nordsee. Die Spezialität des Hauses ist noch eine andere: Chicken Piri Piri, eine Fusion aus nordfriesischem Hühnchen von Bauer Lützen und einer scharfen, portugiesischen Soße (24 Euro).
Wonnemeyer Weststrandhalle, Ellenbogen 3 in List, warme Küche täglich 12 bis 15.30 Uhr und 16.30 bis 21 Uhr, wonnemeyer.de

Dinieren mit Sternenblick

Keitum. Besonders hell leuchten die Sterne an der Westküste – nicht am Nachthimmel, sondern im Wellness-Hotel Söl'ring Hof. In der Küche bereitet der Zweisternekoch Johannes King die Speisen zu, etwa Lachs-Tatar (19 Euro), Käseplatten (16 Euro) oder Mürbeteigtörtchen (8,50 Euro). Alle paar Wochen wechselt er das Menü. Dann bietet er Makrelen (21 Euro) und Kabeljau mit Couscous (36 Euro) an. Die Zutaten kommen nach eigenen Angaben aus der Region.

Während der Meisterkoch die Speisen in der offenen Küche zubereitet, können ihm die Restaurantbesucher beim Anrichten zusehen. Wer sich die Wartezeit verkürzen möchte, macht einen Spaziergang auf die Terrasse, schaut dort dem Wellengang am Westufer zu.
Johannes King, Gurtstig 2 in Keitum, warme Küche täglich 18.30 bis 23 Uhr für Außerhausgäste, johannesking.de

Krabbensuppe mit Nordsee-Blick

Hörnum. Nach einer stürmischen Wanderung eine warme Suppe löffeln? Dabei dem Fischkutter am Horizont verschwinden sehen? Lauschen, wie der Wind in den Dünengräsern ein Konzert anstimmt? An der Südküste werden diese Szenen wahr. Auf der Sonnenterrasse des Restaurants Kap-Horn stehen Strandkörbe mit Seeblick.

Die Küche lockt mit Kaiserschmarrn (12,50 Euro), Krabbensuppe (10,50 Euro) oder Rumpsteak (25,80 Euro). Wer möchte, kann anschließend bei einem Glas Wein die Sonne untergehen sehen.
Kap-Horn, Süderende 24 am Hörnumer FKK-Stand, Küche von 12 bis 16.45 Uhr und 17.30 bis 21 Uhr, kap-horn-sylt.de.

Idylle und Klischee: So sah es aus, am Strand auf Sylt, Anfang der 1970er-Jahre. Fotos: Getty Images/iStockphoto

Die beste Lektüre zum Urlaub auf Sylt

Der Roman „Ozelot und Friesennerz" ist ein schwer nostalgisches, durchaus kritisches Buch über das Aufwachsen auf Hamburgs Lieblingsinsel

TEXT: THOMAS ANDRE

Niemals, schreibt Susanne Matthiessen, könne man voraussagen, in welchem Ton sich das Meer zeigt. „Unser Meer", so nennt sie es. Also: „Unser Meer ist in seiner Farbauswahl ziemlich launisch." Tiefblau ist die Nordsee auch dort, wo sie an Sylt grenzt, aber leider selten. „Und man kann niemals voraussagen, in welchem Ton es sich zeigt", erklärt Matthiessen. Man müsse immer persönlich hingehen und es mit eigenen Augen sehen. Manchmal sei es „schwarz wie die Nacht", manchmal entscheide es sich für Gletschergrün. „Aber am häufigsten habe ich es grau gesehen", resümiert Matthiessen, „Grau mit Weiß".

Die Nordsee ist meistens grau, wer würde das bestreiten? Das ist ihr Merkmal, es macht sie und ihre Inseln weniger lieblich als die Meere in südlichen Gefilden. Und doch wird sie gemocht, für ihren rauen Charme. Und natürlich auch für ihre Sommer. Besonders die Sommer auf Sylt sind da zu nennen. Um Sylt geht es Susanne Matthiessen hauptsächlich. Um Sylt, das Naturwunder. Oder prosaischer: den Sandhügel im Meer. Die Lieblingsinsel der Deutschen und der Hamburger sowieso.

Sylt ist der Ort unserer Sehnsucht, Projektionsfläche, Klischee – und Heimat. Oder vielleicht besser gesagt: längst verlorene Heimat, denn auch in der

Nordsee kommt der Zeitgeist in Wellen. Und fegt über das Gewohnte, Liebgewonnene, das Prägende hinweg. „Ozelot und Friesennerz. Roman einer Sylter Kindheit" heißt das erstaunliche Buch der Berliner TV-Journalistin Matthiessen. Es ist, weil es um das Aufwachsen der Autorin geht, ein schwer nostalgisches Buch. Einerseits.

Weil Matthiessen, die 1963 in der vor einigen Jahren geschlossenen Geburtenstation in Westerland geboren wurde, neben allgemeinen Betrachtungen wie denen der Farbe des Meeres viele aufregende, jugendbefeuerte und unbedingt auch kuriose Erinnerungen zusammenträgt. Sie können nur an diesem Ort und in dieser Zeit stattgefunden haben, auf Sylt in den 1970er-Jahren, als sie in Westerland, Kampen und List so richtig anfingen, Geld zu verdienen.

Womit Matthiessen, die sich beim Schreiben, erfreulicherweise, selten bremst, bei ihrem zweiten, vielleicht eigentlichen Thema ist: dem Wandel hin zu fast ausschließlich pekuniären Interessen, der viele Menschen in diesem zwiespältigen Paradies vor der Nordseeküste anleitet. Neben die Nostalgie tritt die Anklage, und die erwähnte, mittlerweile geschlossene Geburtenstation ist nur ein Posten auf der Verlustrechnung. Matthiessen widmet ihr Buch den „Inselkindern", die hier geboren wurden. Sie dürfen Exklusivität beanspruchen, zumindest in Matthiessens Augen, deren Blick auf mehr als 50 Jahre Syltgeschichte – die Jahre also, die sie selbst erlebt hat – natürlich auf ihre eigene Generation fixiert ist.

Andererseits also hat man es bei diesem merkwürdigen und letztlich aber

doch schlüssigen Buch mit Trauer und Wut zu tun. Diese Seite ihrer Syltgefühle bringt die langjährige Kolumnistin der „Sylter Rundschau" in einem Prolog und einem Epilog unter, in dem sie über den Ausverkauf Sylts, größenwahnsinnige Hotelprojekte und das Fremdwerden in der Heimat lamentiert. Größtenteils zu Recht übrigens; der Einfall des großen Geldes in die kleine Heimat bringt selten nur Vorteile.

Das Sylt von heute ist ein anderes als das von vor 40 Jahren. Heute sind die Apartments standardschick und von der Sommerfrischenstange, aber nie billig. Damals, als der „Fremdenverkehr", wie man damals noch häufiger als heute sagte, noch auf einem anderen Niveau war, vermieteten die Einheimischen ihre Privatwohnungen und logierten während der Saison im Keller, auf dem Dachboden oder im Wohnzimmer. Beinah jeder machte das so.

Der Job der Kinder im Sommer war: niemandem und insbesondere nicht den Eltern auf die Nerven zu fallen und sie nicht beim Geldverdienen zu stören. Es waren Sommer der Anarchie, in denen die Kinder und Jugendlichen sich selbst überlassen waren. Heute findet man auf Sylt kein Personal mehr, weil sich kein Normalverdiener das Leben auf der Insel mehr leisten kann. Damals brauchte man oft kein Personal, der Vorteil der Zimmervermietung, bei der die Hausherrin selbst wusch und die Marmelade auf den Tisch stellte.

Selbst der Klempner konnte damals auf Sylt reich werden. Matthiessen berichtet vom Syltsommer als fortdauernde Party, in dem Moralvorstellungen außer Kraft gesetzt waren, gesoffen wurde, bis der Arzt kam, und der Abfluss mit allem Feierzinnober verstopfte, der Nacht für Nacht anfiel. Die Einheimischen waren Zaungäste dieses gottlosen Treibens. Aber sie gehörten zur Familie – als Dienstleister, die immer zur Verfügung stehen mussten, gerade wenn die betuchten Gäste etwas brauchten oder einfach plaudern wollten.

Oder einen Pelz kaufen wollten. Susanne Matthiessen entstammt einer Kürschnerdynastie, und von dieser erzählt sie ausführlich in diesem Buch, das ja den Haupttitel „Ozelot und Friesennerz" trägt. Die Matthiessens waren schon vor dem Zweiten Weltkrieg den Schönen und Reichen der Republik ein Begriff. Und bei ihnen kauften später dann, als sich die kleine Susanne, die in ihren Erinnerungen überwiegend mit dem Bewusstsein des Kindes auf das Geschehen blickt, so Leute wie Herr Rebroff, Frau Horten und Herr von Bohlen und Halbach ein. Es ist das Personal einer Epoche, das es auf Sylt luxusmäßig krachen lässt. Augstein, Springer, Beitz – Matthiessen nennt sie gerne beim Namen, die VIPs, und ein wenig Tratsch ist auch dabei.

Es ist ein Sittenbild der mittleren Bundesrepublik, und zu diesem gehört, als mittlerweile längst in der Mottenkiste verschwundenes oder verschämt weiterverarbeitetes Accessoire, der Pelz. Hinter dem sachlichen Ton der Chronistin, die ausführlich vom Kürschnerhandwerk berichtet, versteckt sich die Melancholie. Es ist eine zwiespältige: Damals, als Sylt noch Sylt war, fand keiner etwas daran, Tieren aus modischen Gründen die Haut

abzuziehen. Gunter Sachs übrigens liebte Sylt. Brigitte Bardot, die Anti-Pelz-Aktivistin und zeitweilig seine Ehefrau, fand es nicht so dolle.

Matthiessen arrangiert ihre Geschichte geschickt, sie erzählt mit Lust vom schwulen Opa, von prominenten Kunden und immer wieder von den Sylter Originalen. Sie weiß um die Widersprüche der Insel und einiges darüber, was es heißt, ein Klischee produzieren zu müssen. Matthiessen wird mit „Ozelot und Friesennerz" bei vielen einen Nerv treffen.

Gleichzeitig wird sie sich mit dem Abgesang auf dieses Sylt, das für seine Einwohner mehr ist als nur eine Ferieninsel, nicht nur Freunde machen. Darüber hinaus ist dieses Zeit- und Generationenporträt eine schöne Lektüre für alle, die Sylt seit Jahrzehnten kennen. Und die, die wissen wollen, wie es so war: in den goldenen Jahren, als Menschen im Sommer nichts Besseres zu tun hatten, als einen Pelzmantel zu kaufen.

Die Autorin Susanne Matthiessen ist selbst ein „Inselkind".
Foto: Hans Scherhaufer

Susanne Matthiessen: „Ozelot und Friesennerz", Roman einer Sylter Kindheit", Ullstein, 245 Seiten, 20 Euro

Bücher für die Insel

DAS WATT

Das Watt sei ein Trick der Natur, der den Menschen erlaubt, das Meer zu Fuß zu besuchen, sagt Karsten Reise. Und es ist die große Leidenschaft des Professors für Küstenforschung aus Sylt. Wenn Reise übers Watt berichtet, hat das etwas Poetisches: „Watt lebt vom tiefen Ein- und Ausatmen des Meeres. Es verbindet Land und Meer", heißt es dazu in seinem neuen Buch. In „Das Watt. Erlebt, erforscht und erzählt"

berichtet Karsten Reise von seinem Leben am Watt, als Forscher und als Insulaner. Mit ihm gemeinsam geht es hinaus auf eine Reise in den Schlick, der so faszinierend sein kann. „Mit Ebbe und Flut wechselt das Watt immerfort sein Gesicht und seine Bewohner. Es bleibt sich nie gleich, ist immer wieder ein anderes", sagt Reise. Darin liege die Faszination dieses besonderen Lebensraums.
Das Watt. Erlebt, erforscht und erzählt:
Karsten Reise, KJM
Buchverlag, 20 Euro

SYLTER ROSEN

Mensch, Sylt. Bist immer so herrlich, dass die Menschen nicht aufhören können, über dich zu schreiben. Gerne auch in der Form des seichten Unterhaltungsromans. Der neueste trägt den unschlagbaren Titel „Sylter Rosen" und stammt von der Gelsenkirchener Autorin Elke Schleich. Ein Inselroman reinsten Nordseewassers! Mit allem, was dazugehört: gebrochene Herzen, neu verliebte Herzen, Dünen, Pferde, „Moin".
Raffiniert ist dieses Buch außerdem, es begibt sich auf eine Metaebene. Die Heldin ist eine Autorin mit Schreibblockade. Der Verlag möchte endlich eine Idee fürs neue Buch haben. Na ja, wir wär's denn mit einem Küstenroman?
Sylter Rosen: Elke Schleich,
Piper Verlag, 344 Seiten 16 Euro

SYLT – LIEBLINGSORTE"

Ein ganz klassischer Reiseführer. Nehmen wir hier mit auf die Lektüreliste, weil: Sylt. Die Lieblingsinsel aller Deutschen, wenn nicht sogar aller Hamburger. Um mal den größten aller Maßstäbe zu nehmen. Westerland, das unbeliebte Zentrum (oder der Ort, wo halt der Bahnhof liegt), das Rote Kliff, die Braderuper Heide, die Kampener Vogelkoje, die allerbesten Fischbrötchen – hier wird, mit vielen Fotos

auch, die die Urlaubs-Ikone Sylt (um mal einen völlig übertriebenen Ausdruck zu prägen) ins vorteilhafte Bild setzt, eine Insel vermessen. Das Wattwandern, jene ewig irritierende und matschpampige, todesmutige Praxis des Herumlatschens auf Boden, der auf das Meer wartet, bis ebenjenes Meer zurückkehrt, darf natürlich nicht fehlen.
Sylt – Lieblingsorte: Birgit Haustedt,
Insel Verlag, 224 Seiten, Taschenbuch
12,95 Euro, Kindle 10,99 Euro

GIERIGES SYLT

Wer denkt, Sylt sei nur erholsam, der irrt: Sylt scheint verdammt gefährlich. Zumindest inspiriert die Insel Krimiautoren zu immer neuen Schreckensgeschichten. Wer einmal danach sucht, wird auf einen Schlag 60 unterschiedliche Sylt-Krimis finden. Sie werden schneller geschrieben, als die Ermittler die Fälle auf der Insel lösen können. Jüngster Neuzugang ist das im August 2021 erschienene „Gieriges Sylt" des Hamburger Autors Thomas Herzberg. Es ist bereits das sechste Buch seiner Sylt-Reihe mit Fällen der Ermittlerin Hannah Lambert. Diesmal landet der in Korruptionsfälle verstrickte ehemalige Finanzchef der Gemeinde Sylt im Ferienflieger aus Düsseldorf in Westerland – er ist tot.
Gieriges Sylt: Thomas Herzberg, Verlag Zeilenfluss, 332 Seiten 12 Euro

HIDDEN BEACHES

Es gibt sie, die abgelegenen Strände an Nord- und Ostsee. Orte, die ein wenig wilder und ursprünglicher sind als andere. Wer keine Lust auf überfüllte Strände, Pommesbuden und Remmidemmi hat, kann an vielen Orten im Norden zur Ruhe kommen und die Natur genießen. Björn Nehrhoff von Holderberg hat in dem Buch „Hidden Beaches Deutschland" diese besonderen Stellen aufgesucht. Nehrhoff   reist selbst gern abseits der bekannten Routen und ist dabei mit Kajak, SUP oder Fahrrad unterwegs. Sein Geheimtipp auf Sylt: der Bunker-Hill-Strand. 350 Meter über die Dünenkette geht's zum Strand. Dort einfach noch einmal 500 Meter in Richtung Norden spazieren gehen, dann wird es leerer.
Hidden Beaches Deutschland: Björn Nehrhoff von Holderberg, Haffmans & Tolkemitt, 22,95 Euro.

SYLT FÜR KLUGSCHEISSER

Schon der Titel dieses Buches ist klasse und macht klar: Dieses Buch ist kein typischer Reiseführer, sondern eine Sammlung kleiner, lustiger Fakten. Etwa warum die Heide ab und zu brennt (und meist einen Fehlalarm bei der Feuerwehr auslöst), was es mit dem „farblosen" Leuchtturm in Kampen und den Strandleichen auf sich hat, was die RALF-Regel besagt und warum Rumpelstilzchen etwas mit Sylt zu tun hat. Selbst für Fans gibt es in dem Buch von Autorin Elke Welsch, der ehemaligen Urlaubs- und jetzt Neu-Insulanerin, viel zu entdecken.
Sylt für Klugscheißer:
Elke Welsch, Klartext Verlag, 104 Seiten, 14,95 Euro

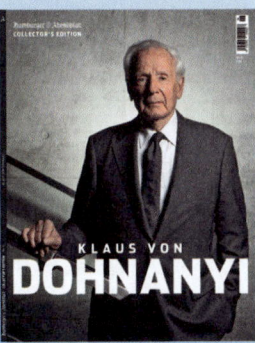

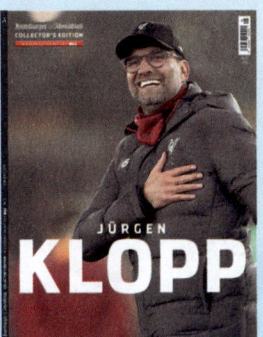

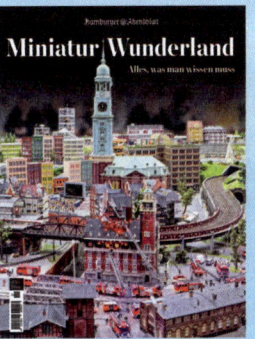
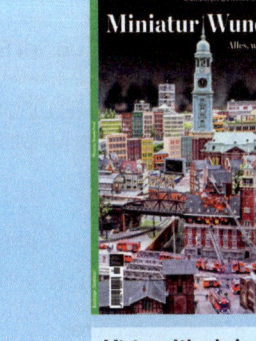

Sylter Adressen

22 Wonnemeyer Weststrandhalle

List

36 Erlebniszentrum Naturgewalten Sylt
29 Hotel Strand am Königshafen
37 Alfred-Wegener-Institut (awi)
11 Gosch – Nördlichste Fischbude
12 Gosch Fischmarkt
13 Pier 67
14 Sylter Suppen
23 **5** FRS Syltfähre
25 Lanserhof
A-Rosa Sylt

7 Mobilitäts-App

8 JOJO Sharing & JOJO E-Bike

17 Odin Deli

Kampen

21 Dorfkrug

Wenningstedt **38** Kleingartenverein
Wenningstedt-Braderup

Braderup

Wyn. Strandhotel Sylt **26**
9 E-Mobility Center
Flughafen Sylt
Sylt Marketing GmbH **1**
2 **4** **6** Sylter Verkehrsgesellschaft
Westerland
3 *Munkmarsch*
DB Sylt
Dorint Strandhotel **31** **34** Shuttle Autozug **16** Sylter Meeresgärtnerei
BeachHouse **20** Rathaus Sylt **15** Nielsens Kaffeegarten
18 Johannes King
Tinnum *Keitum*
Kati Karvinen **35**
27 Severin*s Resort & Spa
Morsum
32 Hotel Hof
Galerie
Archsum
33 Campingplatz
Mühlenhof

Söl'ring Hof **28**

Rantum

2 km

Ankommen und Herumkommen
Schlafen
Sonstiges
Essen & Trinken
Erste infos

24 Puan Klent

Sansibar **10**

30 Hotel 54° Nord
19 Möller's Anker
Hörnum

GRAFIK:
T. KÜHN

Erste infos

1 **Sylt Marketing GmbH**
Stephanstraße 6,
25980 Westerland
Tel. 04651 / 820 20
www.sylt.de

Ankommen und Herumkommen

2 **DB Sylt Shuttle**
Industrieweg 18, 25980 Sylt
Tel. 0180 / 6 228383
www.syltshuttle.de/syltshuttle-de

3 **Autozug Sylt**
Industrieweg 16, 25980 Westerland
Tel. 01806 / 258 258
www.autozug-sylt.de

4 **Flughafen Sylt**
Flughafenstraße 1, 25980 Sylt
Tel. 04651 / 920612
www.flughafen-sylt.de

5 **FRS Syltfähre**
Kilebryggen 1, 6792 Rømø, Dänemark
Tel. 0461 / 864 601
www.frs-syltfaehre.de

6 **Sylter Verkehrsgesellschaft**
Trift 1, 25980 Sylt / OT Westerland
Tel. 0 46 51 / 83 61 00
www.svg-busreisen.de

7 **Mobilitäts-App:**
www.sylt-go.de

8 **JOJO Sharing & JOJO E-Bike**
Tel. 04651/ 200 22 73
www.jojo-ebike.de

9 **E-Mobility Center**
Strandstraße 32, 25980 Sylt
(An der Sylter Welle), Telefon 04651 / 99 80
Zeiten: täglich Mo–So 9.00–17.30
sylt.justexplore.de

Essen & Trinken

10 **Sansibar**
Hörnumer Str. 80, 25980 Sylt / Rantum
Tel. 04651 / 96 46 46
Zeiten: täglich 12 - open end
sansibar.de

11 **Gosch – Nördlichste Fischbude**
Am Hafen, Hafenstr. 111, 25992 List
Tel. 046 51 / 87 04 01
Zeiten: täglich 10.30–19 Uhr geöffnet
gosch.de/standorte/noerdlichste-fischbude/

12 **Gosch Fischmarkt**
Am Hafen, 25992 List
Tel. 0 46 51 / 836 41 37
Zeiten: Mo.–Sa. von 10–19 Uhr
gosch.de/standorte/gosch-fischmarkt/

13 **Pier 67**
Am Hafen 22, 25992 List
Zeiten: täglich ab 11 Uhr
Tel. 04651 / 967 35 60
gosch.de/standorte/list-pier-67

14 **Sylter Suppen**
Dünenstraße 1, 25992 List
Tel. 0160 / 430 70 70
Di–Do. ab 12 Uhr geöffnet
(solange der Vorrat reicht)
www.sylter-suppen.de

15 **Nielsens Kaffeegarten**
Am Kliff 5, 25980 Sylt / Keitum
Tel. 04651 / 316 85
Zeiten: täglich 8–18Uhr, dienstags Ruhetag
Sonn- und Feiertage ab 08 Uhr
nielsens-kaffeegarten-sylt.de

16 **Sylter Meeresgärtnerei**
Im Alten Bahnhof,
Munkmarscher Chaussee 29, 25980 Sylt,
Zeiten: Di–Sa 10–18 Uhr, So 11–17 Uhr,
Tel. 04651 / 8045 4 43
sylter-zitrone.de

17 Odin Deli
Strönwai 10 in Kampen
warme Küche täglich von 10 bis 22 Uhr
odin-deli.com

18 Johannes King
Gurtstig 2 in Keitum
warme Küche täglich 18.30 bis 23 Uhr
johannesking.de

19 Möller's Anker
Blankes Tälchen 8 in Hörnum
Mo 17 bis 22 Uhr, Di bis Sa 12 bis 14.30 Uhr
und 17.30 bis 22 Uhr
moellers-anker.de

20 BeachHouse
Käpt'n-Christians-Straße 41a, Westerland
Di–So ab 11.30 Uhr
Tel. 04651 / 288 78
beachhouse-sylt.de

21 Dorfkrug
Braderuper Weg 3 in Kampen
warme Küche täglich von 12 bis 23 Uhr
dorfkrug-kampen.com

22 Wonnemeyer Weststrandhalle
Ellenbogen 3 in List
warme Küche täglich 12 bis 15.30 Uhr und
16.30 bis 21 Uhr
wonnemeyer.de

Schlafen

23 Lanserhof
Am Lanserhof 1 / 25992 List auf Sylt
Tel. 08022 / 18 80-0
Eröffnung Anfang 2022
lanserhof.com/de/lanserhof-sylt/

24 Puan Klent
Hörnumer Strasse 83, 25980 Sylt/ Rantum
Tel. 04651 / 96 44 0
www.puan-klent.de

25 A-Rosa Sylt
Listlandstraße 11, 25992 List
Tel. 040 / 300322366
www.a-rosa-resorts.de/reiseziele/sylt.html

26 Wyn. Strandhotel Sylt
Brandenburger Str. 13, 25980 Sylt / Westerland
Tel. 04651 / 83 10
wyn-sylt.de

27 Severin*s Resort & Spa
Am Tipkenhoog 18, 25980 Keitum/Sylt
Tel. 04651 / 46 06 60
www.severins-sylt.de

28 Söl'ring Hof
Am Sandwall 1, 25980 Sylt/Rantum
Tel. 04651 / 83 62 00
soelring-hof.de

29 Hotel Strand am Königshafen
Hafenstraße 41, 25992 List / Sylt
Tel. 04651 / 88 97 50
hotel-strand-sylt.de

30 Hotel 54° Nord
Strandstr. 2, 25997 Hörnum / Sylt
Tel. 4651 / 44 91 70
www.hotel54gradnord.de

31 Dorint Strandhotel
Schützenstraße 20–24 , Westerland
Tel. 04651 / 8 500
hotel-sylt-westerland.dorint.com/de

32 Hotel Hof Galerie
Serkwai 1, 25980 Sylt / Morsum
Tel. 04651 / 95 70 50
www.hotelhofgalerie.de

33 Campingplatz Mühlenhof
Melnstich 7, 25980 Sylt-Ost, Morsum
Tel. 04651 / 89 04 44
www.campingplatz-sylt.de

Sonstiges

34 Rathaus Sylt
Gemeinde Sylt, Tel. 04651 / 85 10
Andreas-Nielsen-Straße 1
gemeinde-sylt.de

35 Kati Karvinen
Stutenhof/Gurtstig 25, 25980 Keitum auf Sylt
Zeiten: Mo–Sa 10.30–18.30 Uhr, So 11–17 Uhr
Tel. 04651 / 315 83
komero.de

36 Erlebniszentrum Naturgewalten Sylt
Hafenstraße 37, 25992 List
Tel. 04651 / 83 61 90
Zeiten: täglich von 10 bis 18 Uhr
naturgewalten-sylt.de

37 Alfred-Wegner-Institut (AWI)
Wattenmeerstation Sylt
Hafenstraße 43, 25992 List
www.awi.de/ueber-uns/standorte/sylt.html

38 Kleingartenverein Wenningstedt-Braderup
Lödige Lüng-Wai 10, 25996 Wenningstedt

Nord? Ost? See!
– der Newsletter

Der Newsletter zum Magazin – und zu Reisen an Nord- und Ostsee: Lassen Sie sich mit dem Reise-Newsletter des Hamburger Abendblatts kostenlos einmal pro Woche über die aktuellen Entwicklungen zum Thema Urlaub und Reisen sowie über all das, was sich an Norddeutschlands Küsten tut, frei Haus informieren. Hier finden Sie weitere Reportagen, Nachrichten, Tipps und natürlich auch Corona-Updates aus den Urlaubsregionen.

Hier geht es zur Anmeldung:
www.abendblatt.de/newsletter

Impressum

Hamburger Abendblatt

Nord? Ost? See! Sylt

Herausgeber
Hamburger Abendblatt
Funke Medien Hamburg GmbH
Großer Burstah 18–32, 20457 Hamburg
chefredaktion@abendblatt.de
www.abendblatt.de

Redaktion
Chefredakteur: Lars Haider
Stellv. Chefredakteur Magazine + Projekte:
Berndt Röttger (V.i.S.d.P.)

Chefreporter Magazine: Georg J. Schulz
Gestaltung: Ann-Kristin Köhn, Natascha Pfeiffer
Schlussredaktion: Beate J. Rossa
Grafik: Frank Hasse, Thomas Kühn
Foto: Bernhard von Nethen
Bildbearbeitung: Heike Becker, Thomas Teschemacher

Verlag
Geschäftsführer: Claas Schmedtje
Gesamtleitung Marketing & Events /
Magazine: Vivian Hecker
Projektleitung und Vertrieb: Felix Freudenthal

Vermarktung: FUNKE Media Sales Hamburg GmbH,
Dennis Rößler (ViSdP), Katharina Arlt, Niels Michaelsen

Druck
NEEF + STUMME GmbH
Schillerstr. 2
29378 Wittingen

Abendblatt-Magazin Nr. 50

ISBN: 978-3-95856-097-0

Was die Sylter an Sylt nervt

Zu volle Straßen, zu viele Touristen und zu wenig Wohnraum. 4484 Bürgerinnen und Bürger beteiligten sich an der ersten Befragung der Inselbevölkerung

TEXT: ULRICH GASSDORF

Sylt ist ein Paradies für Urlauber. Die Nordseeinsel bietet endlos lange Strände, Natur pur, Nobelrestaurants und Fischimbisse. Luxushotels, schnuckelige Pensionen und Ferienwohnungen unter Reet. Schicke Boutiquen in Kampen und Geschäfte für jeden Geschmack an der Friedrichstraße in Westerland.

Stopp. Aber wie geht es den Insulanern, die hier nicht nur ein paar Wochen im Jahr verbringen, sondern umgeben von Urlaubern leben? Mit dieser Frage beschäftigte sich im Herbst 2020 die Initiative „Kurs Sylt" der Sylt Marketing Gesellschaft (SMG). 18.000 Insulaner ab 18 Jahren mit Erstwohnsitz auf der Insel wurden angeschrieben und zu einer Online-Bürgerbefragung aufgerufen. 4484 Sylter haben geantwortet.

Zum ersten Mal in der Geschichte wurde die Bevölkerung direkt befragt: 80 Prozent der Umfrageteilnehmer leben bereits mehr als zehn Jahre auf Sylt. 40 Prozent sind hier aufgewachsen, 49 Prozent nach Sylt gezogen. 53 Prozent der Teilnehmenden sind weiblich und 39 Prozent jünger als 50 Jahre. Mehrfachteilnahmen wurden übrigens durch einen individuellen Code ausgeschlossen.

Der erste Lockdown löste aus, dass 65 Prozent das Tourismusaufkommen aktuell als zu viel empfinden, 55 Prozent aber zugleich auch eine Abhängigkeit vom Tourismus bescheinigen – heißt es in der Auswertung. Denn nachdem wegen des ersten Lockdowns von März bis Mai 2020 rund zwei Monate lang keine touristischen Übernachtungen erlaubt waren, war danach der „Run" auf die Insel umso größer. Die Touristen schoben sich durch die Fußgängerzone und auf der Promenade in Westerland, vor den Restaurants bildeten sich Schlangen.

Zurück zur Online-Bürgerbefragung: 98 Prozent finden die Straßen der Insel zumindest zeitweise zu voll. Das Verkehrsnetz auf der Insel bewerten 34 Prozent mit „eher negativ". 76 Prozent empfinden, zumindest zeitweise, die Fußgängerzone in Westerland zu voll, und 73 Prozent sehen das auch für die Gastronomie so. Und selbst am Strand scheint nicht mehr genügend Platz zu sein: Denn 64 Prozent der Befragten ist es zumindest zeitweise am Strand zu voll, und für 60 Prozent der Teilnehmer der Bürgerbefragung ist das auch auf Wanderwegen so.

Beim Verkehr drückt den Insulanern der Schuh besonders: Zu den größten Störfaktoren gehört laut Befragung der Autoverkehr. 22 Prozent wünschen sich eine Begrenzung der Autozahl auf der Insel. Die Fahrzeugdichte ist schon ohne Touristen hoch: 81 Prozent der befragten gaben an, ein bis zwei Kraftfahrzeuge im Haushalt zu haben. Für die Hälfte aller ihrer Wege benutzen die Sylter ihr Auto. Es steht in der Beleibtheit der Fortbewegungsmittel mit weitem Abstand vorn – gefolgt von den eigenen Füßen, die immerhin für 19,8 Prozent der Wege benutzt werden. Der öffentliche Nahverkehr spielt für die Sylter quasi keine Rolle: Nur 3,2 Prozent der Wege werden mit dem Bus zurückgelegt.

91 Prozent der Befragten empfinden, dass zu viele Ferienwohnungen geschaffen werden, und 84 Prozent der Teilnehmer kritisieren, dass zu wenig Wohnraum für Einheimische gebaut werde. Es ist bekannt, dass die Mieten auf der Insel hoch sind. Viele Menschen, die auf Sylt arbeiten, leben deshalb auf dem Festland und pendeln täglich zur Arbeit.

Welche Erkenntnisse zieht SMG-Geschäftsführer Moritz Luft aus den Ergebnissen? „Dass sich rund 4500 Insulaner an dieser Befragung beteiligt haben, zeigt das große Interesse, deshalb müssen wir jetzt alle gemeinsam an der Zukunft von Sylt arbeiten." Vor allem müsse man auch das Thema Mobilität in Angriff nehmen. Es müssten neue Angebote geschaffen werden, um die Sylter und die Urlauber dazu zu bewegen, nicht mit dem Auto über die Insel zu fahren. Es müsse mehr für den Radverkehr getan werden und zum Beispiel Konzepte ähnlich wie der Hamburger Fahrdienst Moia auf der Insel angeboten werden, kündigte Luft an. Eines freut Moritz Luft, der auch seit 15 Jahren Tourismuschef der Insel ist, besonders. Bei aller Kritik, immerhin 72 Prozent der Teilnehmer der Online-Bürgerbefragung bewerten ihren persönlichen Lebensraum Sylt als „gut bis sehr gut".

Trotz aller Kritik: 72 Prozent der Befragten bewerten ihren Lebensraum Sylt als „gut bis sehr gut". Foto: imago